伝統木構法に学ぶ
構造と意匠の融合

増田一眞 著

建築画報社

はじめに

建築構法の重要性

　建築構法は、素材と形態と工法の3つによって構成される。その組み合わせの数は無数にあり得るから、可能性としては、構法は無限に多様である。

　だが、そのすべてが有価値の構法なのではなく、それが充たすべき原則をすべて備えている構法だけが、真に価値ある構法として社会的に認知される必要がある。構法は自由であるべきだというが、恣意的であってよいことを意味するものではない。厳しい試練に耐え得るものにのみ生存権がある。

　近代以前までは、つくり手である大工棟梁と職人衆とが、建主たちと共通に、風土と住まいに関して、暗黙の了解を厳然と保持していた。住まいは普遍的な文化であり、日本民俗の美学を隅々までしっかりと確立していた。

　明治維新による近代化の推進は、盲目的な西欧文明崇拝の偏重を生み、伝統文化を否定して、風土への適応を含む過去の日本人の知恵と工夫のすべてを葬り去った。そして戦後日本の社会的変動から、とりわけ1960年代以来、建築と住まいを商品と化してしまった。かくして1980年代以降は、官・学を抱き込むハウスメーカーの住宅市場独占の戦略が展開されることになる。だが、利潤追求第一の、商品としての住まいは、文化としての住まいを駆逐し、地球規模で環境を破壊する。それは大量の資源浪費を伴う低寿命の住まいを氾濫させ、継承としての文化的営為の可能性を断ち切る。

　建築構法を、一国の基幹的な文化として位置づけ、すぐれたものだけを持続する必要がある。伝統文化は、伝統木構法抜きには存在し得ないことは多言を要しないだろう。民族固有の文化の破壊も、地球規模での環境破壊も、ともにバラック的構法の氾濫によってもたらされる。人類がようやく全宇宙を認識し得る地平に到達し、生命や極微の世界の構造を解明し、人間と社会の成り立ちをも科学的に説明し得るところまで学問水準を高め得たというのに、愚かしい欲望によって、地球環境をも高い文化をも持続できないまでに破壊し去ることには、犯罪的行為として糾弾されるに値しよう。

　建築構法が重大な国民の利益に関わる問題であるのは、第一にそれが基幹文化であること、第二に環境保全に大きく関わるからである。

　地球上の資源が有限であるうえに、自然そのものが持つ浄化能力や自己再生能力は、

意外にも、従来漠然と考えていたよりはるかに小さい、という認識から、持続可能な建築構法への変革が必要、という危機意識が生まれた。だが、まだその意識は、社会的に未成熟であるだけでなく、無知を含むさまざまの抵抗や制約にとり囲まれて、成長と普及が阻まれている。

　建築構法は、単なる一技術課題にとどまらず、一国の経済と文化の発展に甚大な影響をもたらすものであるから、少数の専門家だけでなく、多数の聡明な大衆の正しい認識が必要である。意識を変革する上での課題は、価値意識の変革と社会性の認識の二つである。そしてさらには制度や仕組みが改革されねばならない。

　戦時中から戦後の極度の欠乏と貧困の時代を生きた世代と、過剰な生活物質の中で育った世代とでは、価値意識は相当に異なる。使い捨ての思想と、てっとり早く便利な方を好む安直な生き方は、単に思想の問題というより、体質化した社会意識として、持続可能な生き方への変革を阻む力となっている。習慣の力は思想より強力である。修理するより新しいものを買う方が安い、という現実の仕組みも、現状変革を阻む社会的抵抗要素で、習慣の力と協力し合っている。

　このように、歴史的、社会的に形成された思想、習慣、制度、仕組みを、ではどこから変えていくべきか、どうすれば変え得るのか、に対する答えは、あらゆる側面からの「社会的運動の展開」ということでしかないだろう。

　因は果になり果は因になる、無限地獄の連鎖はどこかで断ち切るしかない。現状批判を口にはするが、実践をしない人は多い。現状を変革するため実践し、実践しながら考える、という多少とも自己犠牲を伴う、先駆的実践からしか、事態を変える力は引き出せない。

　具体的な問題として、古い建築の再生事業や解体材の再利用を含む、ゴミ化から資源化への転換、廃材から有害ガスを出さないための処置、持続可能な構法への転換、等々は、現実の制約にとらわれている限り一歩たりとも前進しない。全面的な国民運動、市民運動の大展開なしには変革の糸口すら見出せない。

2016年10月　増田一眞

もくじ

伝統木構法に学ぶ
構造と意匠の融合
増田一眞 著

2　はじめに　建築構法の重要性

7　第1章　日本の架構・歴史
　　8　架構形態の歴史
　　12　架構の視点から見る日本の木造建築物

23　第2章　伝統木構法の架構学と現代への展開
　　24　建築構法に必要な条件 12原則
　　28　架構形態の分類とその意義
　　42　応力の混在する系
　　52　縮小模型による実験

63　第3章　増田一眞の木構法
　　64　筑波第一小学校体育館
　　66　さくら保育園
　　68　とねっこ保育園
　　70　くるみ保育園
　　72　高花平保育園

74　葛西邸

76　高橋林業土木社屋 研修棟

78　天竜森林組合 林産物加工工場

80　向嶽寺方丈

82　カトリック浜松教会

84　彩の国 森林科学館

86　大洲城

88　湖北白ばら学園（幼稚園）

90　鶴居小学校体育館

92　5 SHIPS 女子学生会館

94　INDEX

99　第4章　模型づくりの意味

122　増田一眞先生の伝統木構法　神田 順

124　今後の展開 - リサイクルを考えた建築の設計

第1章
日本の架構・歴史

日本建築の架構を特徴づけるものは、何よりも、柱の架構だ、という点に注目したい。

歴史的には、掘立柱から始まり、後に石場建に発展する。山の多い我が国には、懸崖(けがい)づくりが各地につくられた。これは柱と通貫で形成される木造ラーメンである。

支持地盤は堅固な地山まで掘り下げ、そこから地表まで版築(たたき)と呼ぶ、粘土に石灰と砂を加え、数cmの互層で締め固め、長い時間を経ると岩盤に匹敵する強固な層に変化するものを用いた。これが働いているため、数百トンもの五重塔の足元が、何百年経っても、ミリ単位の沈下も生じていないのである。礎石の上に石場建という簡単な基礎に見えて、礎石の下には人工の岩が広がっていたのである。

第1章

1-1 架構形態の歴史

古代の架構

「柱の曲げ抵抗に期待するだけで最小限の架構は成立する」
我が祖先たちはかなり早い時期からこう考えていた。
竪穴式住居は、2本の柱を掘立式で自立させ、柱頭部に架け渡した棟梁に向けて力垂木を架け並べ、それに母屋を取り付けて草屋根の下地とした。
天地根元造は、当時の権力者が倉として用いた建築が後に宮に発展したものであるが、これも掘立式自立柱を中心に持っている。
自立柱系の架構は掘立式しかないと信じられていた古代に大陸から伝来した仏教の寺院建築は、礎石の上に直接柱を建てるいわゆる石端建てで、その出現は革命的なものであった。

第一次構法変革期

古代寺院の架構は3つの抵抗要素から成り立っている。
第一は大径柱の重力復元性を利用するもので、屋根を重くするとともに頭貫による一体化で安定を図った。
第二は柱を全体として水平につなぐ拘束材として、柱型通りに切り欠きを施した丈高の長押を取り付けることで剛節効果を期待した。長押は下から順に、地長押（または台輪）、胴長押、内法長押、天井長押の4段から成っている。
第三の抵抗要素は、腰壁、垂れ壁に用いた厚い力板である。
古墳時代、各地に割拠していた豪族の勢力争いに終止符を打ち、統一国家としての大和朝廷を成立させた飛鳥・奈良の政治的変革期は、同時に、外来の建築型式をそのままの直輸入でなく日本の風土に適合するよう工夫改良を加えて完全に日本的に消化した第一の建築構法変革期でもあった。

第二次構法変革期

第二の変革期は、貴族の支配から武家政治に移行する鎌倉・室町という第二の政治的変革期にやってきた。12世紀の末に、壁のない木造ラーメンによる大架構が出現する。鎌倉時代のはじめ、重源が宋の建築から学んで東大寺南大門の大架構にはじめて試みた、通し貫による架構がそれである。
大仏様は重源一代で終り、後代これを発展させる人物は遂に現れなかったが、通し貫の有効性の認識は広まり、次第にあらゆる建築に浸透し、普及してゆく。我が国の風土に適した耐震架構の実現は不滅の功績といわねばならない。

今世紀初頭までの構法と理論

架構形態の発見は、理論より先に実物が現れるところに特徴がある。アーチは古代からつくられたし、木造トラスは中世に出現しているが、アーチもトラスも、理論的に解明されたのは19世紀になってからである。
鉄道が世界的に普及した19世紀に、鉄橋建設の必要からトラス理論は確立する。そして、剛接トラスの二次応力である曲げの研究からラーメンの理論が発生するのであるが、我が国では13世紀に早くも木造ラーメンを実現していた。ベンディクソンがラーメンの応力解析法を発表したのが1914年であり、鉄骨や鉄筋コンクリートのラーメンが我が国に紹介されるのは大正時代後半1920年代である。

第三次構法変革期

徳川幕府300年の封建制を平和裡に終結させ、近代国家に変貌した第三の政治的変革期－明治維新は、西欧文明摂取の渦中で

の第三の建築構法変革期でもあった。

日本が範としたヨーロッパ諸国から招いた建築家たちは、しかし、組積造とトラスしか知らなかった。19世紀末までにヨーロッパにラーメンは存在しなかったから、知る由もなかった。ヨーロッパにないものが、遅れた日本にあるわけがないと信じた彼らは、トラス原理である筋違を入れなければ耐力がない、と指導したのである。

彼らがもっと謙虚であったなら、東大寺南大門や清水寺から学んで、近代建築へのラーメン導入の功績を20世紀に先立って果たすことができたはずである。

柔剛論争とその結末

一方、我が国建築界の指導層は、科学理論信奉と西欧崇拝を混同し、彼らに従って筋違一辺倒を主張して伝統木構法を捨て去る暴挙に出た。当時、大工棟梁の立川知方は、伝統木構法の耐震性を主張したし、眞島健三郎も豆相地震被害の調査に基づいて、柔構造の耐震性を実証的に主張したが、無視された。

佐野利器ら明治・大正期の我が国の建築界の指導者たちが伝統木構法を否定して筋違一辺倒になった背景は、曲げ系架構の存在を知らなかった西欧建築家の指導上の誤り以外にもいくつか考えられる。

伝統木構法否定の背景

第一点は、大工棟梁たちの伝統構法は経験的、感性的な所産であるから、科学的根拠に欠けると判断したことである。しかしこの考えは当時といえども人間への理解が浅薄すぎて正当化できない。

人間の感性的把握は理性的認識の基礎であり、鋭い観察から得る判断は信頼できるものである。日本人がそれぞれの時代につくり出してきたものの素晴らしさを想い起こせば、無知故に脆弱なものばかりつくってきた、などという主張の方がこの上なく蒙昧な発言であるとしかいえない。まして、伝統建築は長い間自然の実験を経ているという認識の欠如こそ、驚くべき無知である。

第二点は、柔構造の耐震的有利性を立証し得るほど振動理論は成熟していなかった。地動の特性も卓越周期もほとんどわかっていなかったし、振動実験装置もなかった。

第三点は、日本全体が西欧文明へのあこがれを持っていて、その絶対的崇拝が伝統手法への信頼を上回ったという時代背景である。貴婦人たちが洋館に招かれて、台所や浴室、トイレ、寝室を見て素晴らしさに驚き、羨望と感嘆の熱い吐息をはいた時代である。ヨーロッパ指導者の発言は今からでは考えられない重みで日本人の心に響いたし、また、西欧建築家に逆らうことは、自分たちがエリート層から脱落することを意味した。

柔構造見直しの時期

こうした歴史的事情のなかで、一時期、伝統否定が生じたとしても、一面うなずけないでもないが、すでに百年を経てなお再検討の動きがないとしたら、科学精神の欠落を問われても仕方あるまい。架構形態の基本系がすべて出揃い、理論も実験装置も完備した時代になってもなお、千数百年もの匠たちの努力を徒労と決めつけた者たちへの反論が出ないとしたら歴代棟梁たちは浮かばれないであろう。

衰退の危機にある木構造

千数百年もの長い歴史を通じて、無数の棟梁たちによって築き

1-1 架構形態の歴史

上げられた多彩な伝統的木構造の知恵の蓄積が、わずか五十年そこそこの間に、全面否定され葬り去られる、というおよそ世界中どの国の技術史のなかにも見出すことができないであろうナンセンスなできごとが我が国では生じた。

いにしえの大工棟梁たちは「大地震に耐え得る建築など到底つくることはできない」とあきらめていた、などというけれども、それははたして本当のことであろうか。立川流棟梁立川知方の発言などを読んでみると、ゆるぎない確信をもっているのに全面否定されたことへの口惜しさがにじみ出ている。

伝統木構法は弱い、というけれども、伝統木構法と一言にいっても実に多様である。どの種類の伝統木構法が弱かったのだろうか。どの型の構法が改良を要するのだろうか。実験的、解析的、また災害統計的に、細かく分析した経過はあるのであろうか。地質を含めて、個々に詳細に調べることなしに、伝統木構法はすべて脆弱である、などという断定ができるのであろうか。

筋違を入れるべきである、というのなら、どこに、どのように入れるべきか、その計算法、取付ディテール、建方順序、経年変化、耐久性と耐力性など、ひとつの体系として完成された方式がなければ、とても構法などとは呼べないであろう。

伝統木構法は、なお改良の余地を残すといえども、ほぼ完成されたひとつの体系をなしていた。歴代棟梁たちの工夫の積み重ねと努力とによって、用と強と美を統一させていた。それはすでにひとつの高度文化を形成していたのである。棟梁たちは尊敬されていたし、職人たちは己が仕事に天職としての誇りを抱いていたことは確かである。すぐれた職人文化を学者文化が駆逐し始めてから、腕のよい職人たちは次第にほろびていった。伝統木構法は、構造意匠、構法とデザインがいささかの遊離も見せず、補強金物に至るまで意匠化されていた。

たとえ美しくとも、弱くてはだめだ、というのが、伝統否定派の「唯一」の論理である。それならば、どのようにすれば美しさを保ちながら、丈夫にしてしかも永持ちさせ得るか、と発想を展開することなく、方式自体が根本的かつ原理的にダメだ、という全面否定の仕方をする。関東大震災にあっても健全な煉瓦づくりが存在したにもかかわらず、組積造は耐震的ではないというレッテルを貼って組積造を葬り去ったのと同じ論法である。

日本人は世界に誇るに足る、素晴らしい木造建築をつくり出してきた民族である。私たちはその誇りと自信を取り返す必要がある。

重源の工夫に倣って通し貫を復活しなければならない。太い貫を通せば、筋違も土壁や板などの剪断材も不要になる。筋違や板を入れたい人は、この通し貫と柱の間の格間に入れるべきである。そうすれば立体的な曲げ系、軸力系、剪断系が完成し、曲げ・軸力系、曲げ・剪断系も実現する。

また、堅木の楔や車知、栓を多用する伝統的な仕口と継手は、架構を美しくしているだけでなく、抜け出さずガタつかず、長持ちさせる、最も合理的な方法として見直されるべきである。

曲げ系フレームで構成される木構造の適応性

木構造は、その根本において、(1) 各層独立、(2) 分散型、(3) 立体架構としてしか成立し得ない。それは木という素材の特性から導かれる。

この三つを同時に満たすべきことは、架構形態のいかんを問わず共通である。それは必然的に極めて多くの仕口が要求される。足固めと差鴨居と貫の三種の水平材が柱を水平に貫通しないと立体架構にならない。

筋違に頼る軸力系であっても、無開口壁以外の腰壁、垂壁、軸壁など、部分壁にすべて筋違を入れると立体構造が成立する。柱を足固めと差鴨居の剛な梁で上下を拘束した曲げ系フレーム

がすべての架構に共通の原形であって、そのままの開放的なタイプと独立柱の他に壁に太い貫を入れたタイプとが曲げ系、壁を筋違で固めるタイプが曲げ軸力系、壁に厚板を落とし込んで太柄(だぼ)で結合したものが曲げ剪断系となる。

立体構造を構成すると、基礎へのボルト固定は不要で、基礎に置くだけでよい。摩擦抵抗で暴風による移動は生じないし、激震時は移動による免震効果が期待できる。地震入力は柔らかい構造ほど少なく有利であるから、曲げ系が最もすぐれている。

1-2　架構の視点から見る日本の木造建築物

遣明船

1401年、足利義満は中国大陸との交易を再開すべく、明への遣使を実行する。当時の遣明船としては、幕府船の他に、朝廷船、社寺船の3種があった。1000石積級の船6隻の一往復で江戸時代の金額に換算して20両位の利益をあげたというから相当なものである。

春と秋には東北から吹く季節風に乗って、博多や五島を発って寧波へ渡り、初夏には、南西から吹く季節風を利用して、日本へ帰った。13世紀から16世紀にかけて、東シナ海に和冦という海賊船が出没したことはよく知られている。外洋船のはしりである。

遣明船の特徴は、それがはじめて出現した構造船であったことである。船底が刳舟であった準構造船は、その制約から幅と長さの比が1/8から1/10であったのであるが、構造船では1/4から1/5のズングリ型となる。水平材も4階位となり、近世弁財船の先駆をなすものである。

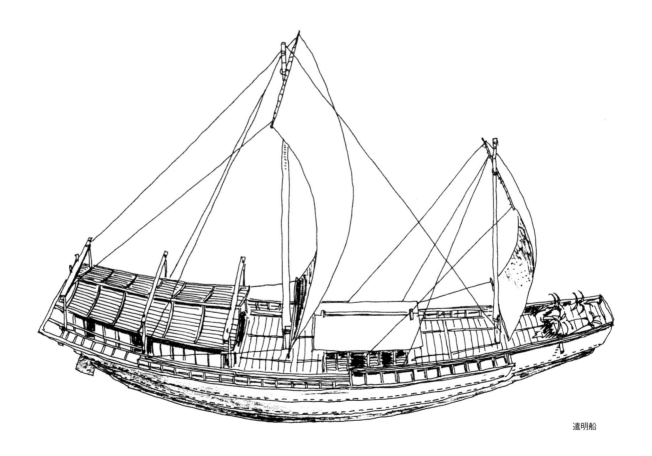

遣明船

正倉院

貴重な品々や記録文書の類を長い期間に亘って一定の場所に収納すべき空間が要求する条件としては、なによりも先ず、乾燥状態の確保であり、年間を通じて恒低湿の状態に保たれる必要がある。

そこから必然的に求められる形態としては、第一に高床として大地の湿気と絶縁すること、第二に校倉造りで囲むことの二点が求められる。高床とする手法は古代から、掘立柱を採用することで可能であった。

校倉造りは、木材を三角断面に加工してその頂点同士を接触せしめたところの、木材の比表面積を拡大して常時の防湿にもなり、雨水の吹き降りにも耐える巨大なムク材の木箱である。材は太柄で相互に結合されているから、構造的に一体化された組積壁になっている。

木材の持つ、吸湿、放湿性を十分に活用した、恒温、恒湿の木箱、それらが正倉院の実体なのである。

正倉院

1-2 架構の視点から見る日本の木造建築物

薬師寺東塔

薬師寺は680年、天武天皇によって建てられた。東塔は実にバランスよく美しい、三重の塔である。各重に裳階がついているため、一見六重に見える。

我が国独特の多層建築である五重塔には、通し柱がないのが特徴である。心柱には頂部の相輪を支える役割と、激震時の各階のズレを防止するためのカンヌキの役割を果す、という二つの役割しかない。側柱は、各層の屋根の垂木の上に礎盤を置いてそこに建てるわけである。

激震時に五重塔がどういう動きをするのか観察した人の表現によれば、各層がその上下の層と正反対の方向に、すなわち、くねくねとスネークダンスをする、というのである（P60参照）。加力側の屋根面は相対的に下がり、反対に被力側の屋根面は相対的に上がるから、同じ柱長で慣性の法則も考慮するとき、確かに反対方向への相対的運動が看取されるのである。以下順に同様の連鎖が生じる。

薬師寺東塔
立面および断面図

薬師寺東塔

閑谷学校

近世に入ると、市民のための建築、とりわけ、劇場や学校に見るべきものが現れる。

社寺そのものですら、庶民的願望を祈る場所として一種のリクリエーションの場に変貌する。

学校建築は、各藩が人材育成のため、藩士を教育することに意味を注ぐようになり、18世紀の終りごろから次第に発達した。

そこでは、講堂等の大教室形式と、学寮を中心とした小教室に分かれるものがあり、江戸の昌平校、萩の明倫館などが著名である。

備前岡山の郷学校、閑谷学校は、講堂や聖廟をよく残しており、江戸時代の名残をとどめている。間口、桁行きとも、少なくとも7〜8間という大建築である。

歌舞伎などの劇場とともに繁昌したのが、各地の遊郭である。江戸の吉原、京都の島原、大阪の新地、長崎の丸山など、各地の状況がさまざまに物語に登場してくる。

閑谷学校

1-2　架構の視点から見る日本の木造建築物

松本城

永正元年（1504）、島立右近が深志城を築いたのが松本城の創始とされている。天正10年（1582）小笠原貞慶が松本城と改め改築に着工、3年を費やして城下町を整備した。天正18年（1590）、小笠原氏に代わって石川数正が8万石で封じられ、城を改築した。工事は天正末年から慶長初年までかかり、現在国宝とされている天守閣の雄姿もこの期間に完成された。この地は古くから交通の要所を占め、戦国武将の抗争の的となった。城主は小笠原、戸田、松平、堀田、水野と替わり、享保11年（1726）戸田光慈が6万石で入封、以後戸田氏が相継いで明治に至った。天守閣の構造は、犬山城、丸岡城に次いで古いとされ、素朴で豪壮な美しさをもっている。

天守閣の北には乾小天守、渡櫓をもち、東には辰巳附櫓、月見櫓がつながっている。月見櫓は寛永年間（1635頃）松平直政の増築と伝えられている。

松本城は、昭和20年代に解体修理が行われているが、この際の調査で、外観高さ6mの石垣内部に、丸太杭の残存部分

松本城天守・乾小天守・月見櫓（北面図）

が発見されている。天守土台は、長さ16尺（4.8m）の杭16本らによって支えられており、杭は地盤面まで達している。この杭は、石垣築造後、打ち込んだものではなく、まず杭を配列し、石垣積み立てに従い裏詰めによって石垣内に埋め込まれたものと推定されている。

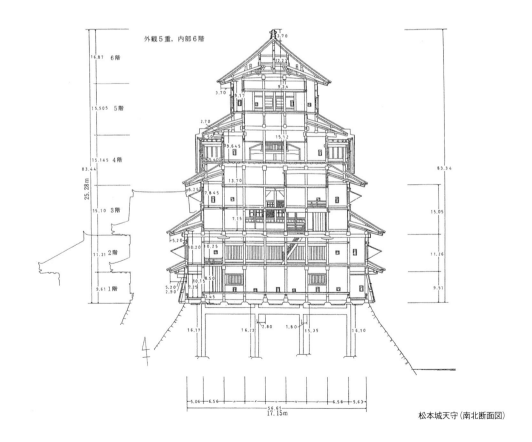

松本城天守（南北断面図）

1-2　架構の視点から見る日本の木造建築物

愛本橋

「越中富山に天下の奇橋あり」。富山県宇奈月の愛本橋は、北陸街道の要衝として、加賀藩の手によって明暦2年（1656年）に初めて架けられた。

重畳たる北アルプスに源を発する黒部川の奔流は、岩を削って深くそして長い谷をつくり、愛本を境にして広大な平野に移る。愛本をかなめとして扇状に広がる流れは、黒部四十八ヶ瀬と呼ばれた。平水時は浅瀬と乱流のため、舟渡しはなさず、足を濡らして渡るのが常であり、出水時には「四十八ヶ所只一瀬となりて川幅一里に及ぶ」という難所であった。この難所を避けて山寄り深く道を切りかえ、黒部の本流を一気に渡ったのがこの愛本橋である。

橋長62.4m、岩盤を斜めに掘削し、幾層もの刎木を川上に突き出した刎橋である。

猿橋をはじめこの種の刎橋は日本各地また中国にもあったが、この時代にこの規模の刎橋を架けた記録は他にはない。天下の名橋とうたわれたゆえんである。

時代が明治に代わって加賀百万石の威力が消滅すると、橋は老朽化の一途をたどった。明治26年の工学会誌には、架け替えの事情が次のように記されている。

「創始ヨリ幾回修造スルモ未ダ曽テ其構造法ヲ改メタルコトアラズ毎ニ幾多ノ巨材ヲ用ユル所ノ刎橋ニシテ修理毎ニ其艱苦勘ナカラズ且一ニ人命ヲ亡ハザルコト無カリシト云ウ這回ハ之ヲ改メ木造拱橋トナシ材ヲ減ジ費ヲ節スルヲ得タリ……」

こうして架け替えられて現在にいたっている。

愛本橋

錦帯橋

延宝元年（1673）にはじめて架けられたというこの木造アーチ橋は、広く海外にも知られ、世界橋梁史上きわめて貴重なものである。

山口県岩国市の錦川は、昔から大洪水のたびに橋を流され、そのため、時の岩国藩主吉川広嘉はその対策に苦慮していた。伝わるところによれば、ある日、火鉢の上のかき餅が焼けてそり返った姿を見て、「そうだ、この形だ」と膝を打ち、早速細工人組頭に反り橋を架けるように命じたといわれている。

反り橋は、今日でいうアーチ橋であるが、すでに当時アーチは我が国の庭園橋形式のひとつであった。雲帯橋と呼ばれる形がこれに該当している。錦帯橋の名前から見ても当時の建設者は、庭園橋諸形式も知っての上で、この形式を選んだのであり、かき餅の神話は、殿様の熱心さを物語るものとした方がいいのかもしれない。

この橋の構造は、流れの激しい川の中央部の3径間の木造アーチと、その両側の、おのおの6径間の桁よりなっている。アーチを支える橋脚は、花崗岩造で、水流の抵抗を少なくするため、紡錘形をしている。

この橋は、原形を忠実に再現しながら、幾度も架けかえられ、現在にいたっている。工事はその都度、岩国の人たちの手によって行われてきた。近年では昭和9年、昭和28年、平成16年に架け替えられている。

錦帯橋

1-2　架構の視点から見る日本の木造建築物

豊田家住宅

日本の民家は、長い歴史の中で、気候・風土に適合する伝統的な形式の住まいとして創造されたものであり、間取りや意匠は架構と結びついて発展してきた。意匠は実用以外の装飾目的を持ってはいない。

固い地山に建てることを前提にしているから、建物下部全体を安定な地山まで掘り下げた後、地表まで版築を施し、そこに礎石を据えた。版築は水はけを考えて中高とし、礎石天端との落差をわずかにとる。

床より下に框と呼ぶ尺梁が柱をつないでいるが、それにより柱の回転を吸収するので、足固めと呼ぶ。これは土間から床に上がる上がり框の位置だけでなく、すべての柱脚部を繋ぐ材として必要なものである。太い丸太を半分に割った材をX、Y方向に格子状に組んで足固めとした民家（18世紀中頃）を隠岐で見たことがある。次に、古代の法隆寺東室で見た主架構の庇に相当する架構が建物周囲に設けられる。すなわち、側柱と入側柱の間を水平のつなぎ梁と屋根の垂木が構成するトラスでつないで、3ヒンジの安定構面をつくるのである。基本的には4面を二重の柱列で囲むパターンが日本民家の特徴で、この下屋方式は大変有効な架構である。図では更に内側の柱列を2列にとってあるからもっと効率のよい架構となっている。

第3の架構は、差鴨居とそれより上部の垂壁全体が柱の回転を拘束する役をしている。下屋と垂壁により、外周部分をX、Y方向とも主要な架構とすることができ、内部空間の自由度を拡大する。

第4の架構として、腰壁の拘束効果がある。腰壁は柱も壁も拘束する働きがある。

以上4つの架構要素の組み合わせで、剛性も強度もその必要を充たす。第5の架構として独立壁があるが、これは安全余力として残しておけばよい。中世から近代までのすべての民家の耐力はこの5種類の架構要素の組み合わせとして説明できる。

構造部材で後の時代ほど退化したものの例として長押がある。現今用いられている三角断面のものは、構造的役割を果していない。構造材としての役割を復活させようとすれば、長方形断面として厚みも増し、柱のサイズに欠き込んで、柱に嵌め込む必要がある。このようにすると、垂壁の下弦材として、鴨居と協力して長押が働くので、柱を拘束する効果が高まるのである。垂壁の一部又は全部を欄間で置きかえるときは、斜交格子にしないと、垂壁を構造材として働かせることはできない。長押の復活とともに欄間の斜交材化とは、両方とも必要なことである（図-1）。長押は、古来構造材であって垂壁全体の下弦材として、重要な役割を果していた。いつの頃からか化粧材となり、柾目尊重の気風と結びついて三角断面となり、二倍化して用いられるようになった（図-2）。

豊田家は奈良県橿原市今井町にある350年を経た町家である。現在の豊田家は酒造業を営むが、建設時は有力な木材商の店兼住宅であった。表通り側には約半間の下屋庇を設け、農家の土間にあたる「通りにわ」で敷地奥への通路を確保する。「みせ」と「みせおく」で商いを行い、一段上がった「東なかのま」以降の奥が日常生活の場となる。身分による家作の制限により、2階は、屋根裏を利用した「厨子二階」である。

2階建ての大型の町家は、城郭建築以降多数建てられるようになるが、江戸時代に入り、身分の差による建築の制限が強

化され、通り沿いの軒高を低く押さえて小屋裏を利用した「厨子二階」をつくり、2階の居室はその後ろ側に設けるといった方法がとられる。

豊田家では、表通りと背面に半間の庇（下屋構造）を設けて、梁間方向の安定性を図っている。その2間奥に大黒柱を含む主架構を設けて、更に2間半奥にも同じく大黒柱を含む主架構を設けている。この2列が建物の主要骨格を形成する。大黒柱は丈高の差鴨居で繋いだ、木造ラーメン（剛節構造）を形成する。梁丈が柱丈の2倍くらいあると剛節構造になると考えてよい。この建物ではこの2列の主架構の奥にも下屋構造を形成する。桁方向は柱間が1間から1間半に立つラーメン構造で柱が抵抗する。柱丈が4寸5分あると壁がなくても柱だけで十分耐震的であることが証明できる。豊田家の場合、建築後に大地震に何度も遭遇していることが耐震性を立証している。

丈高の差鴨居がなくても、丈の高い垂壁があるとき、垂壁全体が大きな梁の役目を果たして、柱の回転を拘束するから、すべての柱が抵抗に参加し、耐力壁がなくても倒壊することがない。これは永年の日本人の経験が生み出した知恵である。

奈良県橿原市今井町は、奈良盆地南部にあり、1500年代中頃一向宗門達が集まって集落をなしたことに始まる（寺内町）。東西約600m、南北約300mの規模で、戸数約650戸、周囲に環濠。土居をめぐらし、6筋の道に沿って軒を並べる町家の6割までが江戸時代の建設となる。本瓦葺きで2階壁面と軒裏を漆喰で塗籠め、道筋に庇を出して、格子窓の連続する街並の内9棟が国の重要文化財に指定され「重要伝統的建造物群保存地区」となった。

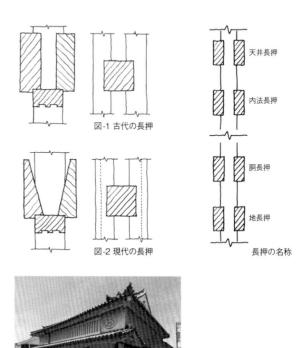

図-1 古代の長押

図-2 現代の長押

天井長押

内法長押

胴長押

地長押

長押の名称

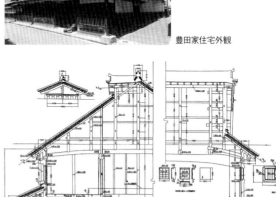

豊田家住宅外観

豊田家住宅短形図

第2章
伝統木構法の架構学と現代への展開

　伝統木構法の特色のひとつは、梁でも柱でも、樹が成長過程で得た姿そのままの曲がり材のまま用いられていることである。これは、実に合理性のある使い方である。何となれば、木は製材しない状態の自然な曲がり材が、最も強く、且つ、永持ちするものだからである。
　現代では逆に、曲線材の持つアーチ効果やサスペン効果を見込んで、曲面や折面などの立体架構の形成に意を用いるべきであろう。これらは、形態から生ずる応力上の合理性があるからである。
　折面や曲面は、木造の場合、版構造でなく、格子構造で展開する方が、製作上も美観上も、合理性があると考えられる。

第2章

2-1　建築構法に必要な条件 12 原則

現代建築構法の欠陥は三つある。第一に素材特性が生かされていない、第二に架構形態の多様な展開がない、第三に建設工法の工夫が見られない、ことである。この三つからの帰結として、耐力性や耐久性の欠如、美観性と風土性の喪失、環境性と資源性の欠落、混用性と移築性と保守性の稀薄さと、そして著しい不経済性と社会的浪費性を招来している。

建築構法をどのようにして高め、よくしていくかを突きつめることは、一般大衆への建築専門家の義務である。

膨大な資材を消費する建築構法の問題こそ、政治、経済、文化の人間の三大活動分野全域にまたがる根本問題として捉えねばならない。

その能力を得るためには、技術力とともに、自然科学、社会科学、人文科学の正しい認識が求められている。

1 耐力性

重力という、常時加わる引力のほかに、暴風と地震という臨時に加わる水平力がある。我が国では台風の頻度は極めて高く、地震も各地で活発である。台風に対して有効な強度と剛性が、同時に地震に対しても有効なそれであることが建築構法に求められている。しかし、耐風と耐震とでは、その性質がまったく異なる。風圧力は、これを静的な力とみなしてもほとんど問題はないが、地震力は地盤と建物の振動問題であるから、必ずしも重力に比例する静的な力ではない。地盤の振動エネルギーを建物内に吸収しないようにする方法がいくつかあり、そのなかに免震構造や、制震構法などがある。耐力性とは、外力をどうコントロールして建物を安全に保つかということであるから、免震、制震の考えも含まれる。だから耐風の場合も、風力エネルギーを建物外部で吸収する方式などが含まれてよい。

地震に対して望ましいのはむしろ柔性であるのに、現在のところ、剛構造志向が支配的で、柔構造志向は一切影をひそめている。強さとともに粘りが必要であるのに、高断熱、高機密志向と手を携えて、強剛一点張りの気運となっている。少なくとも靭性志向型に転換すべきである。

2 耐久性

木造25年、コンクリート造60年、という耐用年数は低すぎる。この根拠は技術的な理由からくるものではなく、税制その他社会的、経済的な強制力から生まれたものである。浪費することが再生産を促すからよし、とする、現代特有の浪費性の法規制的表現であるが、浪費を続けると地球環境は破壊される。建築技術の側から、この理論を打ち破る必要がある。法規制により、耐用命数を大幅にのばすことが、国民の真の利益につながる。浪費は地球環境を破壊に導く犯罪である。

耐久性もそれが長い期間持続されなければ役に立たない。その意味で耐久性はもっとも基本的な条件である。それは素材特性の把握なしには追究できない。木材における腐朽と虫害、鋼材における錆と電食、コンクリートにおける中性化と亀裂などがそれである。コンクリートにおいては、高耐力化と高耐久化が密接に結びついている。加水量を抑えるという単純な操作でそれは可能なのである。木材の防腐・防虫を薬液に頼る方法は、まず人間がやられることを念頭におかねばならない。素材そのものを追究して、自然の法則によって耐久性が充たされるという祖先たちの方法と知恵から学ぶ必要がある（P.122-参照）。

3 美観性

構造の美しさこそ建築の本質である。日本建築の最大の特徴は、

構造即意匠であることである。この事実こそ、建築の本来の姿であって、建築から受ける感動の根源はここにしかない。用と強が美によって統一されていることが、建築から受ける感動の根源であろう。

現代建築の基本理念も規範も、構造こそ本質とみなしているにもかかわらず、現実には、美しい建築と都市を創造する仕事において建築家と構造家の真の協力は皆無に近い。現代こそバウハウス運動が必要ではないか。

強度を受け持つ構造がまずあって、その上に化粧を施して美しくするのが意匠というようではいけない。構造体そのものが美しくなければ、建築から感動を受けることはできない。日本の美しい伝統構法の構造体、祖先たちの示したこの素晴らしい技術と感性は、現代の我々がぜひとも受け継ぎ、後世に伝えねばならぬものである。

構造体を隠さず、表そうとすると自然に美しく入念なディテールとプロポーションを考えるようになる。そしてそのことは耐久性に密接に関わってくる。美しいから保存したくなる心理に加えて、傷みかけた箇所をすぐに発見することができる。美しい構造をつくり出すことが、建築をつくる根本であるとすれば、建築家と構造家には完全な協働の関係が要求される。

4 風土性

風土性とは、気候や地形などの自然条件だけでなく、民族の美意識と指向性、歴史と伝統の継承と発展など、極めて人文科学的色彩の濃い領域を含んでいる。

気候や地形などの自然条件に加えて、地域ごとの歴史と伝統、美意識、志向性の特徴など、人文的要素も加味して考えねばならない事柄である。現代では、風土性を無視した、無国籍の建築が、どの地域にも例外なく氾濫している。

もう一度日本民族の美学と歴史を学び直し、伝統と理論を融合させる作業に取り組むことが建築運動に求められている。

5 環境性

環境という言葉には、地球環境から都市環境までが含まれるが、環境を損なうことなく、調和的に発展させるものではてはならぬことでは広・狭を問わず共通している。

建設に伴う資材消費の膨大さを考えると、耐久性、リサイクル性、資源の最小性などによって、環境破壊をくいとめ、国家規模、地球規模での環境整備に意を注がなければならない。さもないと建設者こそ最大の破壊者であるということになりかねない。環境破壊をくいとめるだけではなく、環境をさらに発展させるべきである。構法をどうするという問題が、実はこうした諸問題に密接に関わっていたのに、これまで等閑に付されていただけの話である。資源－素材－人間の系をもう一度根本から洗い直す態度が大切である。

6 資源性

環境保護と並んで、資源の有効利用と再生産を考慮しなければならない。鉄鉱石も石灰岩も地球創世期の微生物の活動の産物であるから、再生産のきかないかけがえのない資源であるのに、使い捨て同然の無駄使いをしている。唯一、再生産可能な樹木は、我が国では放置による荒廃が、後進国では再生不可能な乱伐が、恐ろしい勢いで進行している。政策の変更を迫るとともに、資源の有効活用可能な構造を確立しなければならない。地球上の資源量は有限であり、再生可能な木材といえども、無計画的な使用や浪費は許されない。資源の合理的使用、最小限の使用が高い技術を生み出し、建築価値を高める根源である。

2-1 建築構法に必要な条件 12原則

資源の浪費は自然環境の破壊を招き、地球の終末をもたらす。耐久性を図ることにより資源の有効活用を高めるとともに、資材消費量をいかに少なくするかに留意しなければならず、そのためには素材の性質を見極めることである。

7 衛生性

これは従来までは当然の前提であったから、原則に加えなくてもよかったものだが、化学物質氾濫の現在では、重要な原則のひとつに加えざるを得ない。環境性とともに今後の大問題となっている。

建築使用中はいうまでもなく、廃材となったあとも、有害物をまきちらすことなく、土に還るものでなくてはならない。

8 生産性

生産性もまた、単位性能あたりで問われなければ無意味である。耐用年数と単位性能が経済性を考えるときに基盤をなすが、生産性もまた、同様のベースで図らねばならず、質を無視した生産性第一主義は意味をなさない。時間と工数及び消費エネルギーの総量も又、ベースをなすべき数値である。エネルギー消費の少ないものは、それだけで高い生産性を持つと考えるべきである。

9 混用性

適材を適所に用いる混用性は、世界中の地域に共通の、古今東西を問わぬ普遍的のものである。単一材料による架構は、工業材料を主とするようになった時代に特有の例外的現象にすぎない。資源と環境保護の観点から、混用性を意識した構法が今後追求されねばならない。剛性評価を含め物性把握を確実にすれば、混用構法こそむしろ、普遍的構法である。

ここでのネックのひとつは、剛性評価の困難性であるが、エレメントの剛性と強度の実験データを積み重ねることにより可能性は拓けてくる。

木、組積、コンクリート、鋼の素材特性を生かしながら、どのような組み合わせがあり得るか、混用を図る上での原則を考え、施工上の注意事項を検討した上で、混用システムをつくり出すことは意義のあることである。構法の自由性と質を高め、資源の有効利用を進めることにもなる。地場産業の活用を含め、各地で工夫を重ねることが必要である。制震構法も混用系への移行で重要な役割を果す。

10 移築性

不要になった建物を解体して移築する、という行為は我が国の伝統的木構法では当たり前に行われていた。これは組み手、差し口を楔、車知、栓などを使って行うやり方が可能にしている。コンクリート造でも一体打ちからプレキャスト部材の組立式への転換によって、ジョイントを外すだけで解体移築は可能になる。

物理的寿命により、社会的、機能的理由で不要になる建物が増えているから、移築可能構法を考えることはますます重要である。壊してゴミにするのではなく、解体して移築することで再使用できるように考えることは社会的に意義がある。

11 保守性

メンテナンスフリーは、建築には存在し得ない。むしろ、維持監理、保守点検、保存修理、などが実施し易い構法が望ましい

のである。
ちょっとした点検と対応がどれ程耐久性や居住性を高めるか計り知れない。

日本の伝統建築には、床下の点検、柱の根継ぎなどをも含む、保守の体系が存在していた。この知恵を現代に生かす方法を確立することも、我々技術者の課題であろう。

手入れを欠かさないためには、点検と手入れが容易なことが不可欠である。構造を表すこと、部分補修の可能な立体構造であることが求められる。わずかな手入れで寿命を大幅に伸ばすことができれば、これほど有用で経済的なことはない。

12　経済性

建築構法が、相互に矛盾し合う要求をトータルに解決し得たとき、それが最も経済的な構法であるだろう。

現在、建築の質を無視して、居住性や環境性に大きく関わるエレメント性能すら関係のないところで、建設コストの絶対値だけが横行している。日本全体が、安物買いの銭失いにならぬよう、専門家から大衆に向けて啓蒙し、説得する活動が必要である。文化の質が、経済性の問題を通して、集中的に問われているのである。

本来の価値は使用価値であるが、それは単位性能に対する対価として、また単位時間に活用した使用価値として計られるべきものである。その上で丈夫で永持ちする美しい建築物には文化的価値も生じてくる。耐力性、耐久性、美観性と無関係に経済性は存在しない。

建築家と構造家の協働の目的は、いかにして多面的な価値を創造するかにある。

混用系構法の普遍性と原則

適材を適所に、という言葉は、混用系構法の普遍的妥当性を簡潔且つ端的に述べてはいるが、部位ごとに必要な物性とその組合せの可能性、とりわけ、部材の応力特性と素材という観点から考察しておく必要がある。

歴史的には、世界の民家を眺めると分かるように、混用系が普遍的である。ネパールには柱が木で梁が石材というのもあるし、中国には石の柱に木柱を継いだものもある。ヨーロッパのハーフティンバーは木造軸組と組積の組合せであるし、我国の伝統的木構法では木組と土壁とが巧みに協力し合っている。

同質系は鋼とコンクリートの大量生産を背景とする現代建築だけに特有の現象であって、資源問題を考えると混用系の主流に立ち返ることが必要である。

混用構法の応力分布を明確にするために、3つの原則が必要であると考える。

1. 不静定次数低下の原則

   静定構造は釣合と強度で決まり、剛性には依存しない。低次数化が必要。不静定次数の低下と安全率の確保はまったく別問題である。

   ※架構を静定構の結合で現わす習慣は架構計画に役立つ

2. 仕口MODEL明確化の原則

   仕口MODELが、仮定通りに応力伝達する機構である必要がある。現実の抽象化とは逆に、抽象MODELの現実化が必要となる。移設も容易となる。

3. 部位構成等質化の原則

   基礎、柱、壁、梁、床、屋根の各部位では等質である必要がある。部位とは、ジョイントも含む、柱の上下の異種化などは妨げない。

2-2 架構形態の分類とその意義

架構形態について解説したどの記事を見ても、歴史的に発生した架構を逐次説明しているにすぎず、分類するという意識も体系化しようとする意志も見られない。

現在では基本的な架構系はすべて全容を現しており、架構形態を分類し系統だてることによって見通しをよくし、今後さらに複合系を探って多様化へ移行すべき段階にきている。

分類はあらゆる科学に共通する基礎作業のひとつであって、次の5つの原則を要する。

1. 唯一の区分原理を持つべきこと
2. 共通の根本的性質に基づくこと
3. 区分肢を交差させないこと
4. 例外をつくらずすべてを含むこと
5. 飛躍しないで連続的に分類すること

架構形態に共通な根本的性質としての区分原理とは、主応力-支配的な応力-以外にあり得ない。

分類に先立って、対象を蒐集する必要がある。対象として自然界全体とするか、人間がつくり出したものと限るかによって様相は異なるのであるが、当面後者に限定する。人間が過去においてつくったすべてとなると、民具、家具をはじめ、橋梁、船舶、航空機などすべての構造が含まれる。

構造形態を考える上で、素材の制約は二次的である。例えば、鉄筋コンクリート部材の設計においては、コンクリート断面だけを仮定して応力を求め、応力に応じて配筋を定める、という手順をふむ。それ故、コンクリートのトラスでもブレース付ラーメンでも自由につくれるのである。

鉄骨でも骨組架構以外に、面的な構造が可能であって、造船と建築でまるっきり違うなどということはありえない。鉄やコンクリートでつくれるものは、すべて木造でつくることができる。

素材特性をどう生かし得るか、という問題と、素材の特性把握は、別次元の問題である。それ故、形態論については素材特性を拾象して扱う。

構造システムを本質的に特徴づけるもの、最も支配的な応力はなにかを考える。支配的な応力を主応力という。そこで主応力を区分原理にする。主応力には単一の場合と、複合応力および部分により異なり、2つ以上の応力が混在する場合とがある。それは、次の7項目に分類できる。

a. 曲げ系　b. 軸力系　c. 剪断系　d. 曲げ・軸力系
e. 曲げ・剪断系　f. 軸力・剪断系　g. 曲げ・軸力・剪断系

a. 曲げ系架構

通し柱、通し梁、通し貫、格子、香図組

部材の曲げ抵抗が支配的である架構形態を曲げ系架構と総称する。柱に曲げが主たる抵抗要素であるためには、柱の下部または上部、あるいはその両方ともで柱を拘束しなければならない。柱脚を拘束する部材は、伝統的な架構においては足固めだが、腰壁や地中梁で拘束する方法もあり得るし、土台と根太受けを合成梁として一体化する方法もあり得る。上部には差鴨居と桁梁、またはその二材を合成梁化することで有効な拘束材となし得る。

書院造りは基本架構としてこのようなものであったし、あずま屋や鐘楼、能舞台もこの系統である。2階、3階となるにつれて柱断面が大きくなるのは必然であるが、適切な耐震要素を組み合わせることによって開放的でありながら適当な断面とすることが可能である。水平拘束梁を合成梁とする方法は、差鴨居のように大径材で柱に過大なめり込みを生じず有効である。

b.　軸力系架構

斜交格子、トラス、ボウビーム、タイドアーチ

部材の軸抵抗（引張または圧縮）に主として依拠する架構形態を軸力系架構と総称する。アーチやトラスあるいはボウビームや張弦梁など軸力系の典型である。

引張力は全断面をフルに利用できて効率が高く、圧縮力も適切に座屈防止を考えれば曲げ系よりも材料量を軽減することができる。

筋違も一種のトラスであるが、在来軸組構法のような、局部的平面トラスの散在は応力の集中が著しい。軸力がすべての構面にスムーズに流れるような「立体化」の工夫が必要である。

軸力系架構では、部材に生ずる軸力が大きいため、仕口部での応力伝達の保証がポイントであるが、安直に金物に頼らずに伝統の仕口を用いても十分できる。

軸力系架構の応用例としては、斜交格子壁やラチス壁などがある。サスペンアーチや木造アーチも、或はタイドアーチやボウビームなども、小径木の利用法としてもっと普及してよいもののひとつである。幾何学的に意匠化した紋様壁も、未開拓の分野である。

c.　剪断系架構

板倉、パネル、土壁、組積、フェロコン

もっとも古くから世界の各地にみられる組積造や丸太を積み上げるログハウスあるいは我が国の土壁は、面の剪断抵抗に期待する架構という意味で剪断系と呼ぶ。ベニヤなどの面内抵抗に頼るツーバイフォーも、この系統に属する。面内剪断力を主応力とする架構形態は、一般に剛性、強度ともに高いが、反面閉鎖的な形態である、という制約を持っている。

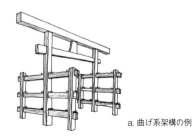

a. 曲げ系架構の例

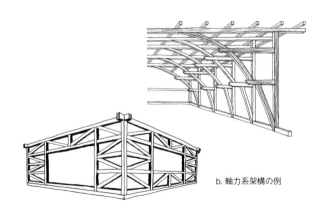

b. 軸力系架構の例

c. 剪断系架構の例

2-2 架構形態の分類とその意義

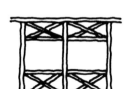

d. 曲げ・軸力系架構の例

d. 曲げ・軸力系架構
V支柱、分岐柱、方丈、トラスフレーム、異形ブレース

変形は大きいが靭性に富む曲げ系と、剛性は高いが脆弱である軸力系は、適切に組み合わせるとき、双方の長所を発揮する。構造計画のうえからもこの組み合わせは有効で、曲げ・剪断系とともに応用範囲は広い。鉄筋コンクリートであっても、この曲げ・軸力系を採用すると、自重を20〜30%軽減できる。

e. 曲げ・剪断系架構の例

e. 曲げ・剪断系架構
壁付フレーム、コアフレーム、部分壁、組立柱

主応力が2つ以上混在する形態がいくつかあり得るが、曲げと剪断の混在または共存の架構は、実際の構造計画上、きわめて有効でその応用範囲は広い。鉄筋コンクリートラーメンは適切な耐震壁の存在によって曲げ負担を軽減できるし、木造においても自由な計画が可能になる。剪断壁をフレームで囲むとき、引張りに弱い材料の剪断壁は圧縮場を呈し、引張りに強い材料の剪断壁は引張り場を呈する。いずれの場合も周フレームは曲げ抵抗により剪断場の安定を保証する。

f. 軸力・剪断系架構の例

f. 軸力・剪断系架構
壁付トラス、ラチス壁、組み梁、BOX柱、筋違いと面

剛性も強度も高い要素が二つ組み合わさったタイプの架構があり得る。効率のよい軽量構造を想定して間違いない。ラチスシステムと折板構造の組み合わせ等を想定すれば、ほぼ該当するだろう。
人間の追求してきた架構形態のなかで、これらは効率の高いものに属する。如何に少ない材料で架構を形成するかに、長い歳

月をかけてきたのが、人間という生き物だといえるのだから。

g. 曲げ・軸力・剪断系架構
伝統紋様、壁トラスフレーム、コア・アーチ・フレーム

一辺にステージを、他辺に器具庫を、両者をコアとしてそのコア間に、例えばアーチ等を架け渡すと、大空間の基本骨格が形成される。桁行の柱列と中央アーチ間にサブを持つ曲線梁群を架すると、サイドと中央から採光の可能な大空間が出現する。この例など、コアシステムの剪断系とアーチ（トラス）と屋根の曲線梁部の軸力系と柱列の曲げ系とから成り立っている、典型的な曲げ・軸力・剪断系架構と呼べる大空間の事例である。

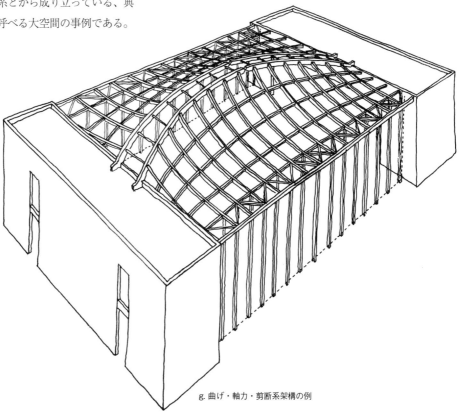

g. 曲げ・軸力・剪断系架構の例

2-2 架構形態の分類とその意義

a. 曲げ系架構
通し柱、通し梁、通し貫、格子、香図組

b. 軸力系架構
斜交格子、トラス、ボウビーム、タイドアーチ

c. 剪断系架構
板倉、パネル、土壁、組積、フェロコン

d. 曲げ・軸力系架構
V支柱、分岐柱、方丈、トラスフレーム、
異形ブレース

e. 曲げ・剪断系架構
壁付フレーム、コアフレーム、部分壁、組立柱

f. 軸力・剪断系架構
壁付トラス、ラチス壁、組梁、BOX柱

g. 曲げ・軸力・剪断系架構
伝統紋様、壁トラスフレーム、
コア・アーチ・フレーム

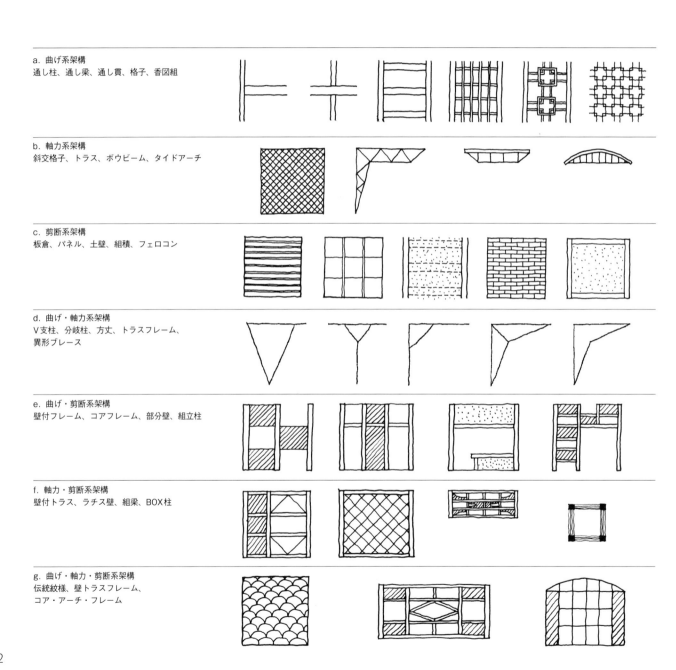

架構形態の分類表

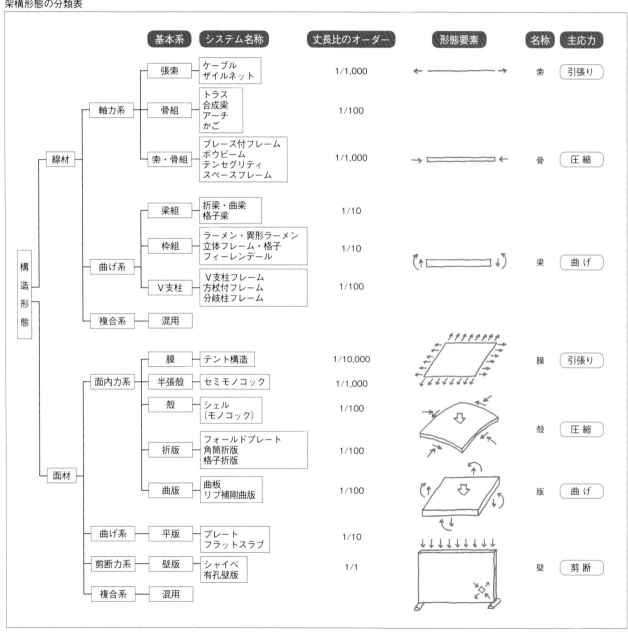

2-2 架構形態の分類とその意義

基本形としての曲げ系架構

軸組みのすべての形態を通じて共通する基本的骨格を、基本軸組と呼ぶ。その基本軸組とはどのような性格と特徴を具有すべきであろうか。

柱の活用

すべての独立柱の曲げ抵抗を100％生かすことが、基本軸組の最も根本的な特徴のひとつである。通常の住宅ではおよそ床面積2.0〜2.5㎡につき1本の柱を要する。100㎡の建物に使われる約50本の柱の曲げ抵抗を生かすならば、基本的な耐力は4寸の柱だけで確保することができる。

壁の活用

すべての柱の曲げ抵抗を生かすには、足固めと桁固めが必要不可欠の部材である。耐力壁に関しても、その剪断・曲げの抵抗を効果的にするには、この足固めと桁固めが欠かせない部材となる。桁固めは差鴨居から桁までの垂壁を含む全体の合成梁がその役を果たす。

立体架構

でき上がった架構が立体架構であるためには、基本軸組自体が立体架構の性格を備えていなければならない。そのためには、どの柱をも例外なく、足固めと桁固めで繋がれていてはじめて成立する。これは安定しており、しかも必要耐力を柱だけで充たしている架構である。

全体抵抗

基本軸組を構成するすべての柱が、曲げで抵抗する部材として生きている。しかも、ここではすべての柱が均等に外力に抵抗する性質が生じるため、無駄な柱は1本もなく、基本的な骨格だけで必要な抵抗力を確保するため、不安定構面に補強材を入れる在来軸組構法より信頼できる。

必要耐力

柱だけで必要耐力を確保した基本軸組から出発して、すべての架構形態に移行することの構法的意義は画期的なものがある。それは何よりも、屋根と外部の遮蔽機構を付加するだけで最小限のシェルターとなり得ることであり、他の付加すべき要素を耐力性能要求から解放し得る。

水平剛性

立体架構を最終的に完成するエレメントは、小屋面の水平剛性である。それぞれの軸組について構面剪断力の保障によって構面が成立することを基本軸組が満たした後、水平面の剛性確保によって立体架構が完成する。

倒壊根絶

基本軸組を確立することによる最大の利点は、倒壊を根絶できることである。傾斜した建物は復元し得るし死者も出さないが、倒壊は必ず圧死者を出す。この事実による差異は著しく大きい。変形は大きくても、倒壊することがないことを保証するのが基本軸組である。

抵抗の量と質

外力に対する架構内部の抵抗のメカニズムは多種多様であることが望ましい。しかし、同時に抵抗の数の多さが求められている。それは木造の持つ素材特性から求められる必然性であるといいかえることができる。

抵抗要素数が多量になるほど、応力の度合いが低下し、信頼性が高まる。航空機のフェールセーフという設計思想は、正に多数箇所に抵抗を分散させることに帰する。安全性と経済性とはもともと矛盾する関係になるが、安全性と美とは密接に助け合うよい関係にある。

総動員性

内部抵抗力すなわち応力は、基本的に、軸力、曲げ、剪断の3種しかない。しかし実際にはそれらの組み合わせとして、曲げ・軸力、曲げ・剪断、軸力・剪断、および、曲げ・軸力・剪断の4種が存在して、計7種あり、すべての応力を総動員して生かすことがよい架構の成立条件となる。建築計画に応じた架構計画は、多様な形態をもたらす。しかし、外力を建築目的に応じてたくみにコントロールするためには、すべての応力を総動員するという考えに立つことが基本的な条件であって、ものづくりのすべての分野に共通している。

剛強靭性

架構はいうまでもなく強くなければならない。弱くては架構は無意味である。しかし、強さは剛強さだけを意味するものではない。架構には全体として剛強さとともに変形への追従性、すなわち粘りが求められているのである。結局変形に対する弾性限界変形の比、すなわち破壊時の変形は弾性変形の何倍あるかを示す数値を靭性と呼ぶ。

木材ではおよそ8〜12という高い靭性を示す。荷重-変形関係を示す復元力特性曲線では、縦軸に荷重を、横軸に変形を取ったグラフで表す。縦の大きさと横の大きさがともに大きいとき、強靭であるという。

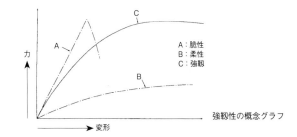

強靭性の概念グラフ

架構素型(ユニット)

応力を解析するために、部材と節点にまで分解するとき、未知量は膨大な量となる。そこで、架構を構成する安定な最小限架構として静定ユニットを選ぶならば、それは架構を形成する上での素型となり得る。つまり、素型のピン接合として架構を表現し得る。

そして素型ごとに剛性と強度を明らかにしておけば、全体剛性は素型剛性の和として求められ、外力と全体剛性から層変形が確定し、そこから個々のユニットの分担力が明らかになる。分担力と強度を比較することによって、はじめて安全かどうかが判断できるのである。

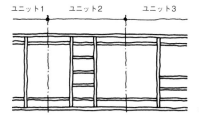

架構の素型の例

2-2 架構形態の分類とその意義

構造即美

建築の架構はそれ自体なにも装飾を施すことがない状態でも美しくなければならない。これは、現代建築が到達した根本理念であり真理である。架構が建築の美的構成の根源をなすからである。

架構の美しさは、その構造が真実であるか否かと密接不可分の関係にあり、構造的真実と架構の美しさは同一現象の別表現である。

構造的真実とは、どの部分も最大限に働いている事実を示す表現である。日本の伝統木構造が、古代以来一環して架構即美を表現してきたことは、世界に誇り得る素晴らしい実績である。

予防最良

経年変化にともなう劣化や損傷にはさまざまな要因があるが、早期に原因を突き止め、初期のうちに手当を施すことによって大事に到ることを防ぐことができ、寿命を大幅に延ばし得る。早期予防を可能にするには、架構内の各部に点検のために人が入り込めるだけのゆとりと、補修のための作業もそこでなし得るスペースが必要である。小屋裏のゆとりには一定の勾配が必要であり、床下点検には一定の高さがかかせない。2階の外壁に対しては、深い庇や下屋の屋根などのように人が登れる足場があることが望ましい。

解体移築

組み立てたものは、解体して部品化することができる。建築構法は解体して移築することを前提とした組立構法として考えるべきである。コンクリート造の場合でも、ユニットに分割して製作し、ユニットを結合して組み立てる方式を採用すれば、解体後の再組立が可能になる。しかもそのことにより、型枠の合理化、耐久的コンクリートの使用、自由で合理的な形態の実現など、メリットは著しく増大する。鉄骨造も、溶接はユニット製作までにとどめ、結合には再使用できる高力ボルトを用いる。剛節以外にピンや可変接合、制震関節も組み込むようにする。

耐久保存

歴史を大切に保存する上でも、環境をよりよい状態に保つ上でも、また文化発展の社会的条件を確立する上からも、よい建物を長く使うことは決定的に重要である。耐久性こそ、建築にとって最重要の事柄というべきである。その意味で、「安く、早く」のモットーは有害でさえある。高くとも、ゆっくりと、よいものを、が正しい建設の標語でなければならない。長くもたせる第一の条件は、愛着の持てるよいものであることである。

素材活用

丈夫で長もちして美しい建築をつくる上で最も肝心かつ基本的なことは、素材の特性を生かすことである。木もコンクリートも千年オーダーの寿命を保ち得る素材であるのに、採用する工法によっては素材の持つ特性が発揮されず逆に殺されてしまったりすることはあり得る。工法は、それが素材特性を最もよく発揮できるかどうかということが、正しい工法であるかどうかを定める基準となる。日本人は古来、木の肌の美しさを愛し、木の強さを生かし、木の持つ寿命を最大限に生かしてきた。

適材適所

さまざまな素材の持つ特性をよく考慮して、適材を適所に配置する建築構法は、一般に異種材料の混用系構法と呼ばれ、扱いが難しいという理由だけで特殊構法扱いを蒙っている。しかしさまざまな素材の持つ対熱、対湿の諸性質や剛性評価などを的確に把握しておけば、組み合わせた素材のそれぞれの挙動を予測することは、さほど困難ではない。むしろ、それぞれの部位

に最も適する素材を用いる混用系の構法こそが、最も普遍的な本来の構法原理であり、それに物性の総合的追及とその組み合わせという、高度な作業が付きまとうだけの話である。

再生可能
古くなった建物をどのように再利用できるか、その再生率をできるだけ高める構法が望ましい。最も効率がよいのは、全体を移築することである。さらには、再利用できないものでも、資源として再生する道があることである。金属やガラスの類ではそれができる。木材は再使用も再利用もできる。最後に、再生は無理だが転用を考えられるものもある。再使用、再利用、再生、転用を妨げるような仕様は採るべきではない。

人畜無害
新建材や合板そして集成材が人体に有害である接着剤や添加物を用いていることが分かっていながら、それらの流通がまかり通る状態は異常であり、その生産を即刻中止すべきである。人畜無害のものに改良されても、耐用命数を考えると、無垢の材に優るものはないといえるが、無害化すべき事実は絶対的なものである。

互換適用
伝統木構法では、木割を中心としてモデュールが成立していたから互換性では徹底したものがあった。つまり全国的なオープンシステムである。
しかし、企業の私益・利益追求の姿勢が支配的になるとき、逆にクローズドシステムとなって、流通域は狭い範囲になることが考えられ、全体の生産を狂わせる。

2-2 架構形態の分類とその意義

自立柱の成立条件

柱を自立させることができれば、4本の自立柱の頂部に梁を架け渡すだけで、最小限の架構が成立する。柱が自立するには、柱の脚が固定される必要があるが、柱脚固定の条件とは次の3つが同時に満たされることに他ならない。

1. 水平移動をしないこと
2. 垂直方向にも動かぬこと
3. 回転を生じないこと

いいかえれば、柱脚にX方向、Y方向の反力とZ軸廻りの回転に抗する反力が期待できることである。
自然の岩盤であっても、また、コンクリート基礎であってもよいのだが、ある不動の基礎を仮定する。支持条件として、反力数1のローラー支点と反力数3のフィックス支点の3種の支点を想定すると、自立性の安定条件は次の3通りとなる。

1. 1フィックス
2. 1ピン＋1ローラー
3. 3ローラー

具体的には、基盤に直接孔を掘って、その孔内に柱を立て、孔壁と空隙を充填して固める、いわゆる掘立式とよばれる固定式の他に、第2の部材を補助材として柱脚を固定する間接方式が種々考えられる。

間接方式に用いる部材としては、軸力材、曲げ材、剪断材の3種類がある。軸力材には引張りにだけ耐える張素材として、材径長さ比が1/100オーダーのものと、圧縮と引張りの両方に耐える1/10オーダーのものがある。

曲げ材とは、柱や梁のように曲げ抵抗をするのに必要な1/10オーダーの材である。
最後の剪断材とは幕板のような1/1の正方形オーダーの材で、骨組部材とは根本的に性質が異なる面材である。
自立柱としては次の種類がある。

掘立式

1. 掘立式（曲げ系）

柱脚を孔内に埋め込むことにより安定を得ようとするものであり、直接的固定型である。
※ここでも埋め込み深さは材丈の3倍以上を要する

2. 斜張式（軸力系）

転倒防止の最も簡単な方法は、張索を設けることである。まず、基盤から突起（太柄）を出し、柱下部の凹みに合わせると移動は拘束できるから、あとは柱の中間点に孔を通し、基盤上に設けたアンカーピンと柱の間に索を張るだけですむ。索は圧縮に耐えないから、平面内に限っても2方向、立体的には3方向または4方向に張る必要がある。

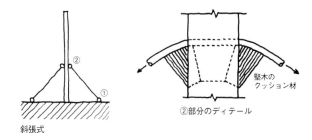

3. 斜支柱式（軸力系）

一般的に圧縮材は引張材をも兼ねることができるので、必ずしも2方向に設けることなく1方向材で兼用することができる。圧縮材のときは柱との取り合いは合掌尻の斜材の納まりのように柱にくい込ませる。

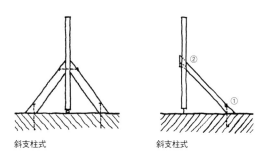

4. λ支柱式（軸力系）

柱脚を一定の高さから上に持ち上げて固定状態を保とうとするとき、幾通りかの方法が考えられる。λ型の支柱の上部に柱脚を埋め込む、というパターンがひとつ考えられる。この場合、3次元的に安定を保とうとすると支柱は少なくとも、3本以上必要となる。

もうひとつの方法は、細い材を2本ずつ1組として先端を結合して、基端の2点を柱脚に取り付けた形である。3組のトラスが柱脚に取り付いた形になっている。

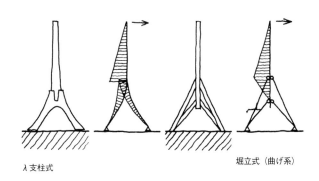

2-2 架構形態の分類とその意義

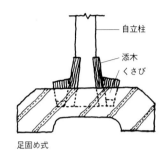

5. 足固め式（曲げ系）

何らかの重量物に孔を穿ち、柱脚に添木を添えたのち、楔を打ち込んで固定するやり方があり得る。
軸力に対する転倒には横幅の踏んばりで耐え、復元力には重力による巻き戻しが作用する。台座そのものは、一般に独立基礎が果している場合が多い。

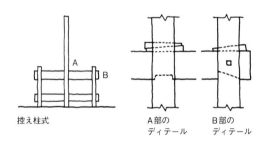

6. 控え柱式（曲げ系）

安芸の宮島や芦ノ湖には、水の中に朱塗りの大鳥居が立っていて、周囲の風景を引き立たせている。親柱を結ぶ構面は柱を貫通する太梁と柱が構成するラーメンであり、直交する方向は、控え柱と通し貫とで構成する多段ラーメンとなっている。太梁と柱の間には大楔が叩き込まれている。楔は仕口の乾燥収縮によるガタつきに対処していると同時に仕口応力の緩和にも役立っている。

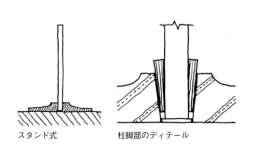

7. スタンド式（曲げ系）

足固め式と同様に扁平なる台座を利用して、そこに孔を穿ち、柱を建てたのち楔を打ち込むという方式があり得る。
楔の他に、さらに添木を添えるかどうかは、柱脚部の保護をどう扱うかにかかっている。柱脚部は応力大なる場所であり、尚かつ、雨水その他で傷み易い箇所でもあるから、何重にも保護すべき場所であることは間違いない。

8. スチフナー式（剪断系）

水平な広い台座が存在することを仮定して、そこに柱を自立させることを考えよう。この場合には、柱の三方、または四方の隅にスチフナーを取り付けるだけで柱は自立する。その際スチフナーを2つに殺いで、その合わせ目に車知を打ち込み、スチフナーの両側に圧縮力を与えることによって長い間の乾燥収縮にもガタつきが生じない工夫が欠かせないのである。

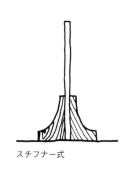
スチフナー式

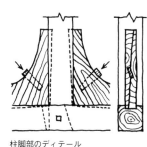
柱脚部のディテール

9. 重力式（剪断系）

安定を重量に依存する方式を、一般的に重力式と総称する。重量大であれば、摩擦力も重量に比例するから、横からくる力に対する水平抵抗も増大するし、転倒に対する復元力も、重量による復元力が自然に生じるので、安定上大変都合がよい。

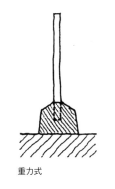
重力式

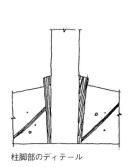
柱脚部のディテール

10. 合成梁式（剪断系）

古い民家にみられる足固めのような大径木の材は、現代では入手困難であるから、通常用いる小径木材を組み合わせて、剛性の高い材に合成する方法がいろいろある。

図は幕板を一定間隔に入れてフィーレンデール桁としたものである。この幕板も殺いで車知締めとして乾燥ガタに対処する。車知は根太受を取り付けた後に叩き込む。

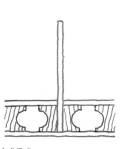
合成梁式

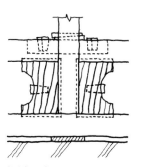
柱脚部のディテール

2-3 応力の混在する系

応力の混在または複合する架構系

曲げと軸力と剪断の3つの素応力のうち、どれかひとつを主応力とする架構系が3種類存在する。
(→P.28 2-2 架構形態の分類とその意義)
組み合わせパターンのうち、別種の応力が架構内の別部材に分かれて存在する場合を混在系といい、架構内の同一部材に2種の応力が複合して存在する場合を複合系と呼ぶ。複合系において、いずれを主応力とも決め兼ねるときは、共存を認めて混在系として扱うことにする。
架構計画における自由性、空間効率、そして安全率のすべてにわたって、応力混在系の方が普遍的な存在形式であることが分かる。
架構を形成する部材には、単一材だけでなく、合成材が含まれる。架構形態を軸組だけに限定した場合、柱と梁の直交構成の構面として、柱と梁が それぞれ単一材と合成材の2種類ずつあるときの組み合わせを考えてみると、表-1のようになる。

表のAに属する架構としては曲げ系があり、Bに属するものとしては、曲げ系、軸力系、剪断系、および軸力・剪断系の4つが含まれる。C1に属するのが、柱曲げ型の曲げ・軸力と曲げ・剪断であり、C2に属するものとして梁曲げ型の曲げ・軸力と曲げ・剪断がある。以上の9タイプを図示する（図-1）。
Bに属する曲げ系には束と通し貫のある垂壁、腰壁に土壁を付けたものも含まれる。
塗土壁は一定の限界応力を超えると抵抗を失うので、ある場合とない場合の2通りを応力範囲により限定する必要が生じる。
図-2に、柱曲げ型の例と変形図、図-3に梁曲げ型の例と変形図を示す。

表-1　部材の組み合わせと架構系

柱 \ 梁	単一材	合成材
単一材	A	C1
合成材	C2	B

図-1 部材の組み合わせと架構系

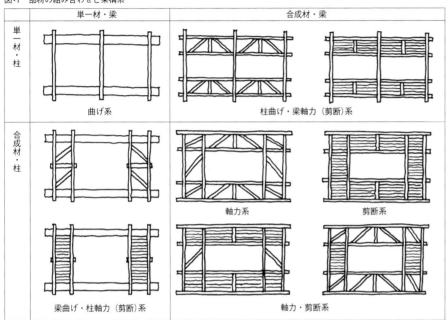

図-2 柱曲げ型　曲げ・軸力系

トラス腰壁　　トラス垂壁　　トラス腰壁・垂壁　　　　柱の曲げ変形
＋自立型タイプ　＋自立型タイプ　＋独立柱タイプ

図-3 梁曲げ型　曲げ・軸力系

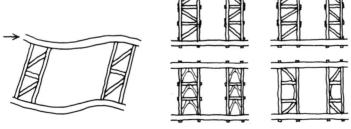

梁の曲げ変形　　　　　　　筋違壁＋足固め・差鴨居タイプ

2-3 応力の混在する系

2種以上の応力が混在する架構系

ものつくりの世界は、橋梁・船舶・車輌・航空・機械と多様な広がりをみせ、同時に応力と形態の関わりの様相も、その広がりのなかで実に深いところまで掘り下げられてきた。

そうしたなかで、木造建築の世界だけが、なぜ軸力一辺倒なのか。曲げ抵抗と剪断抵抗は、我が国の伝統木構法の中では支配的な位置を占めていた。それは我が国の風土条件に適合した技術体系であったからである。

図4に柱とKトラスを組み合わせた架構ユニットを示す。柱はKトラスの開端を結んでトラスを完成させ、同時に柱自体が曲げ抵抗を担うので、曲げと軸力の混在架構のひとつの素型が誕生する。架構モデル図で示したものが図4-bであり、水平荷重時応力図は図4-cとなる。

図4のヒンジ点Bを離したタイプは梁が通っている限り安定で、この操作により方杖ラーメンに移行する（図-5）。

Kトラスラーメンとの違いは梁にも曲げモーメントが発生し、剛性が少し低下することだけである。モデル図と応力図を図-5-bと図-5-cに示す。

方丈ラーメンのヒンジ点AとCを柱脚まで移動したタイプをV支柱ラーメンと名付ける（図-6）。モデル図と応力図を同様に図-6-bと図-6-cに示す。

V支柱は分岐柱システムと名付け得る曲げ・軸力混在タイプの一種に過ぎないので、後にまとめて扱うことにする。

一般にヒンジ結合した矩形フレームは、一次不安定構造であるから、どこかに1本、斜材を両端ヒンジ結合するだけで、静定安定構に移行する。斜材の向きによる違いは無視することにして、斜材の向きを右上がりに限る条件で安定化させるタイプをすべて挙げてみると全部で9通りあることが分かる。そのうち対角に結ぶタイプだけが軸力系で残り8タイプはすべて曲げ・軸力混在系になる。その1本の斜材で架構が安定する理由を考え、8タイプの応力図を描き、かつそれぞれの変形概略図を描く作業は、曲げ・軸力混在系を理解する上で大変よい示唆を与えてくれる（図-7）。

図-4 Kトラスラーメン

図-5 方杖ラーメン

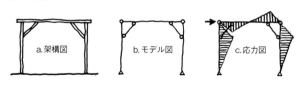

図-6 V支柱ラーメン

図-7 不安定構面の安定化

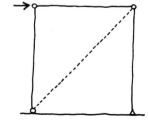

1本の斜材（右上がりに限る）の両端をピン接合して安定構面とする方法は何通りあるか
① 安定になる理由
② 応力図
③ 変形概略図
→解はP.47参照

方杖両端のヒンジ点を柱梁の接合点に次第に近づけた極限状態が剛接点であるから、方杖は剛接合を理解する鍵にもなる。
2本の平行な弦材は、その間に何らかの小部材を入れて結合することによって弦材の平行移動を拘束できる。すなわち、剪断変形が拘束されるため、剪断抵抗が期待できる。合成部材が成立する条件は、剪断抵抗の存在にかかっている。なぜなら合成部材においては、軸力は勿論両弦材が受け持つし、曲げも弦材軸力が偶力をなして抵抗できるため、残るは剪断抵抗だけとなるからである。剪断抵抗は弦材の平行移動を拘束することにかかってくるので、結局、それが合成部材成立の要件となる。
図-8では、柱に単一材を用い、梁に合成材を用いた合成ラーメンの一例を示している。このタイプは無数に存在し得る。垂壁も腰壁も合成梁で置きかえたパターンもあり得て、柱の曲げ抵抗を生かす架構形態の無限の多様性を示唆している。
今度は、柱に合成材を用い、梁に単一材を用いた合成ラーメンの存在を示す（図-9）。これは図-8のタイプを90°回転させたものに相当する。
合成材の終局強度が単一材のそれを上回る、という条件を仮定すると、図-8は柱の曲げ破壊型となり、図-9では梁の曲げ破壊型となって、安定性においては一定の差異を生じさせるが、どちらの形態もまた、無限に多様な展開を示している。
図-8、図-9のタイプを通貫、斜材、板倉の合成材で代表させたものが図-1である。通貫と筋違の中間系が斜め貫という方式で、これも伝統技法のひとつとして存在する曲げ・軸力複合型である。
軸力系の代表格は、アーチとケーブルである。アーチとケーブルの形を支配するものは連力線であり、連力線は荷重の分布形状によって一義的に定まる。曲げモーメントの分布を示す曲げモーメント図は、架構の形状を連力線と重ね合わせるときにできあがる形である。

アーチの支持端付近のデッドスペースを解消して、空間効率を高める意図から、連力線から外れることを承知で、支持端付近の接線を垂直に近く保ったアーチは、連力線から外れた分だけの曲げ応力を受けることになる。この異形のアーチは連力線に沿ったアーチのスレンダーさと比較するとき、曲げモーメントを負担する分だけ、太い材となり、ラーメン材の持つ骨太さに一歩近付くので、半剛アーチと名付けた（図-10）。

図-8 合成ラーメン

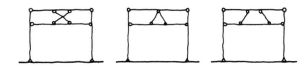

図-9 斜め貫

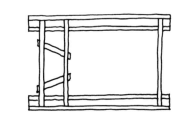

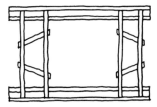

図-10 半剛アーチ

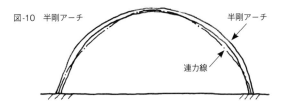

2-3 応力の混在する系

連力線の近くで折線をなす、異形のラーメンは、軸力抵抗を主とし、曲げ抵抗を二次的とする曲げ・軸力系架構のひとつとなる（図-11）。正常なアーチよりも断面効率は落ちるが、一般矩形ラーメンよりはるかに合理的形態となる。

このようなことを追っていくと、連力線に従ったアーチよりも、連力線から外れて曲げを伴うが空間的に建築目的に適したアーチの方が普遍的で、正常のアーチを特殊と考える方が正当であることが分かる。こういった点からも、曲げ・軸力系の普遍性が浮かび上がってくる。

スレンダーなフレームを補剛するために、内接するアーチ材をフレームと結合した一種の合成アーチは、それ自体が曲げモーメント図の形状にほとんど一致するため、抵抗の大半は軸力として発生し、曲げは二次的となる（図-12-a）。もうひとつの合成アーチは、比較的湾曲しやすい薄肉の材を2本弦材として用い、間にウェブ材を入れ、太柄を用いて一体とするやり方がある。ウェブ材はフルウェブではなく、間を透かしても成立する（図-12-b）。ここで、集成材に頼らない曲線アーチ材のつくり方を2、3述べておこう。

曲率半径 γ の逆数を曲率と呼ぶ。曲率が決まると、それを実現するのに必要な曲げモーメントMと、材の断面二次モーメントIは、ヤング率Eを介して、$1/\gamma = M/EI$の関係から求められる。人力で曲げるという制約から、$M = 30$ (kg) $\times 1$ (m) $= 30$ (kgm) 程度を仮定する。結局Iとしては、$I = M\gamma/E$により求めることができる。最終形の全体応力から割り出した断面を何分割かにスライスして、断面二次モーメントを上式を満たすように定める。治具に沿わせて、すべての材を曲げ終わったのち、曲率中心に向かって一定ピッチに太柄を打ち込んでできあがりである。太柄穴は曲げ終わってからドリルで空け、丸太柄をうつ（図-13-a）。もうひとつのやり方は、比較的短い材から曲線材を削り出し、それらを継いでいくやり方である。継手は金輪継ぎがよい（図-13-b）。この方法で再外縁に通し材を矧ぎ合わせて補強材とする手段もある（図-13-c）。焼撓法は昔の舟大工が経験的に見出したもので、4寸位の厚板を曲げるのに下部を焙りながら上から水をかけて、力を加えることで湾曲させる。これは、①熱、②水分、③応力の三つの条件があるとき木は曲がる、という事実を応用したものである（図-13-d）。

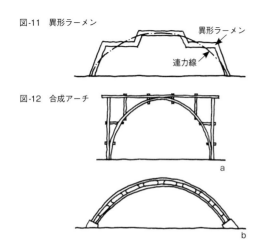

図-11 異形ラーメン

図-12 合成アーチ

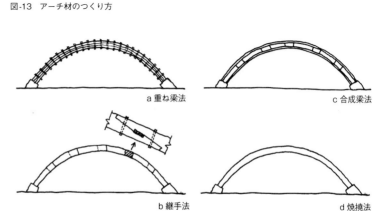

図-13 アーチ材のつくり方

a 重ね梁法
b 継手法
c 合成梁法
d 焼撓法

トラスは必ずしも一本の合成部材として用いるだけではなく、フレームの補剛材として、材の中間や接点に、部分トラスを結合する架構があり得る。これを部分トラスフレームと名付ける（図-14）。これは部分トラスの働きで、フレームの曲げ応力を減少させるのが狙いである。ラーメンの軽快さとトラスの有利性を適宜組み合わせた形態の曲げ・軸力系のひとつである。

合成部材の成立は、曲げ・軸力系に限らず6つの系すべてにわたって成立するが、そのうち、曲げ・軸力系に限定して例示してみる。

剪断力の比較的小なる範囲を曲げ系ですませ、比較的剪断の大なる範囲を軸力系で補うのが、図-15である。

部分的な曲げ発生で、多少無駄が出るとしても、完全なトラスから半トラス（不完全トラス）への移行が有利な場合もあり得る。このパターンは図-15の曲げ・軸力系合成部材の成立と内的に関連している（図-16）。

サスペンション（吊梁）の場合も、アーチ同様に、連力線から外れた曲線は、連力線とのズレ分だけ曲げモーメントが発生する。曲げ剛性を持つ吊梁を半剛吊梁と呼ぶ（図-17）。

トラスは合成梁の一種であるが、梁をトラス梁とし、柱を単一材とした架構、逆に柱をトラス柱として梁を単一材とした架構は、曲げ・軸力系の一種でトラスラーメンと名付ける（図-18）。

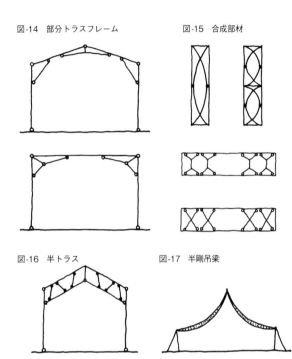

図-14　部分トラスフレーム

図-15　合成部材

図-16　半トラス

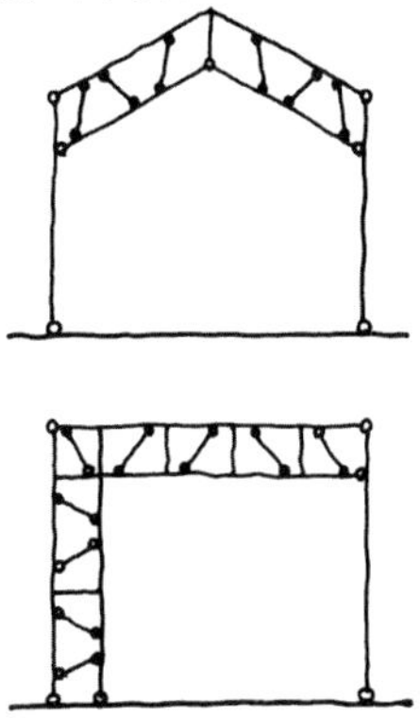

図-17　半剛吊梁

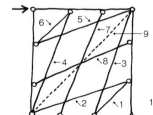

図-7：解

1〜8：曲げ・軸力混在系
9：軸力系

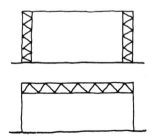

図-18　トラスラーメン

2-3 応力の混在する系

真直梁から折梁または曲梁などの非直線梁に移行すると、連力線に一歩近づくために、曲げモーメントが大幅に減少して、大半を軸力で処理する合理的な梁に転化する。ただし、支持点は両方とも水平移動を拘束するヒンジ、または固定端であることが必要条件で、移動端のときは形状変化の効果が現れない。折線としたときを折梁といい、曲線とするときは曲り梁という。図-19に示した折梁は、節点に集中荷重があるとき、曲げモーメントは消滅する。

柱を傾斜させたラーメンを斜柱ラーメンといい、垂直柱の矩形ラーメンと区別する。斜柱ラーメンの特徴は、柱に生じる軸力の水平成分だけ外力を打ち消すので、曲げモーメントは矩形ラーメンのそれより減少する点にある（図-20）。

V支柱ラーメンは、曲げ・軸力架構のひとつを指定しただけで、実はそれを含むより普遍的なシステムの一群がある。それは、柱が曲げ・軸力系で、梁を曲げ系とするグループで、分岐柱システムと呼ぶ（図-21）。分岐柱システムは、X・Y・Zなどが簡単なケースだが、この他もっと複雑なケースはいろいろ考えられる。梁の曲げが分岐柱の枝によって分散され、柱の曲げ応力が、軸力によって軽減される、という両面の効果の合算によるという著しい断面効率の向上という点に尽きる。

直線ブレースの難点は、剛性が高すぎることで、仕口に粘弾性素材を用いてエネルギー吸収でもしない限り、剛性コントロールが困難な点にある（図-22-a）。ラーメン構造の剛節点は最も遠い点にあるが、これは開口周囲を剛節フレームとして、柱梁節点に力が伝わるようにする方が効率がよい。

非直線の異形ブレースの応力は、曲げと軸力の混在系であるため、剛性コントロールが容易で、かつ曲げ応力によって地震エネルギーを消費させ得る点にある。
細材を幾何学的に組み合わせた文様のなかに軸力と曲げがともに存在する一群の紋様がある（図-23）。

まったくランダムな方法で、あり得る架構形態を探ってみただけでも、その多様さには驚かされる。もしも、システマティックな方法に従って、架構形態のリサーチをするならば、ごく基本的な類分けに限ったとしても、7つの系各々について、すぐにでも数十タイプの形態が出揃うであろう。そうすると、全体として架構形態は数百タイプになることが予想される。
その各々のタイプについて、応力と変形を追跡し、剛性と補強のデータを整備することは、現代ではわけなく成し遂げられる。静定ユニット化して手計算でやっても高の知れた作業量である。
ユニット別の剛性と強度のデータ作成に次いで大切なことは、それらの各々について実験により確認する作業である。復元力特性曲線を得る実験の副産物として、計算値に比べて修正係数が得られる。計算値に修正係数をかけたデータは、設計用の基礎資料として使える。その実験は、実大と1/5程度の縮小モデルの両方で行い、比較してみる方がよい。縮小モデルはそのまま教材モデルとして、社会人の再教育用に用いることができる。計算と実際の間に違和感を伴うことなく、確信を持って設計に従事できるという点で、生涯学習のよき教材とすることができる。社会的には共有できる設計資料が整備されれば、デザイナーでも架構計画が可能になる。

伝統木構法の架構学と現代への展開

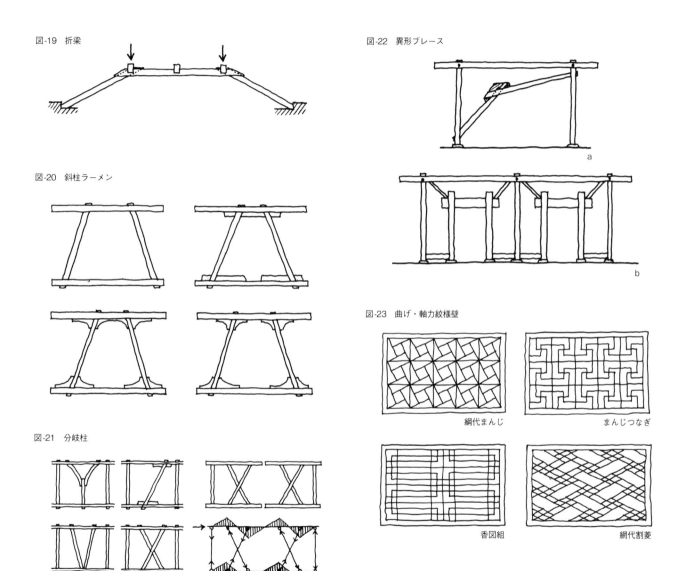

図-19　折梁

図-20　斜柱ラーメン

図-21　分岐柱

図-22　異形ブレース

図-23　曲げ・軸力紋様壁

綱代まんじ　　まんじつなぎ

香図組　　綱代割菱

2-3　応力の混在する系

合成部材の定義

伝統的な組手、差口、継手、剄合の手法だけを用いて、複数の小部材を組み合せることによって、一体としての、より大きな耐力機能をもつ部材に形成することを、材を合成する、といい、合成することによって得られた耐力機能を持つ部材を、合成部材と呼ぶ。

簡単な例では、重ね梁なども合成部材に属する。架構としては完成した形態はここでは対象外であり、ひとつの部材とみなせるものに限る。複雑か簡単かは問わないものとする。

ただし、簡単な合成架構もあり得て、部材か架構かの区別は意外とつけにくい。例えば、合成された曲線梁は、支点条件さえ整えてやれば、セットするだけで立派なアーチ架構に豹変する。これなどは、合成架構ユニットとして扱うことになる。合成部材を組み合わせた合成架構もまた、もちろん存在し得る。架構を形成する部材には、単一部材と合成部材の2種存在するのが一般である。

架構の部分を形成するのが部材であるから、部材は必ずしも直線材である必然性はまったくなく、曲線でも、機能と形の合致する形態を探し出せばよい。そこに構造設計の広大な領域が存在する根拠がある。

合成するという工程があるからこそ、部材を選択するだけでなく、部材をつくり出すことが可能になる。形状とサイズを考えて、どのような部材に合成するのが最も効率よいかを考えることが、ここでの主題となるのである。

素材の組み合わせ方、形態と形状の選択、楔、車知、栓の選択、組み合わせの手順、等々の多様な検索ルートを選んで、さまざまな創造への道程が準備されている。

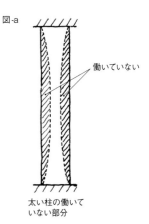

図-a

働いていない

太い柱の働いていない部分

合成部材の必然性

1. 大径材の軸組に参加していない無駄な箇所を追放し、有効な部分で構成する（図-a）
2. 組立柱、組梁、格子、紋様耐力壁などの美しさを発掘。伝統の本流をつくり出す
3. 材の構成により、強度と剛性をコントロールすることの合理性から美が発生する
4. さまざまな素材の混用を含めて、全資源の有効的活用と巧みな組み合わせも見出し得る
5. 腹材として充腹材に組込む工程に、すべての半端材活用への家内工業化の可能性がある（図-b）
6. 意匠と構造の統一。架構材と造作材との同一化。半製品ユニットの大衆的利用化を目指す
7. 籠のような、三次元立体架構を美的に実現。その前提は、個々の要素が美しいこと
8. 余暇を利用して、合成構造部材の日常的生産に取り組んでおくと、対応が早い
9. 長材から短材まで、多様な使い道が存在して、材料の相補的活用で廃材ゼロ
10. 本来的姿であるが、応力原理からの構築の在り方を、自由性と最小原理が統制する
11. 牛梁が有した剛性と強度は組梁が担い得る。また、大黒柱の役割は組立柱が果たす（図-c）
12. 足固めと桁固めとは合成材で可能であり、壁面構成は構造の意匠化で豊かになる
13. 合成部材による軸組構成をすることにより、各軸組構成の立体化が成立する
14. 床組みの合成梁による2方向化は、柱の構面外への働きに拡大し、さらに立体化を進める（図-d）
15. 合成アーチなどによる小屋組の立体化もまた、床組みと同様、さらに立体化を促進する
16. 合成による組手効果、ジベル効果、ラチス効果が、剪断力伝達を保証して立体化する

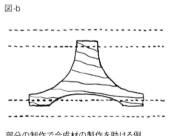

図-b

部分の制作で合成材の製作を助ける例

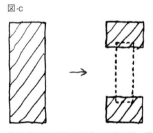

図-c

牛梁が有する剛性と強度は組梁が担い得る

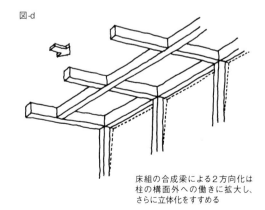

図-d

床組の合成梁による2方向化は柱の構面外への働きに拡大し、さらに立体化をすすめる

2-4　縮小模型による実験

教材学習実験

力は目に見えないから理解しにくい、とよくいわれる。しかし、それは力を見えるようにする工夫が足りないからである。力は、①変形、②破壊、③運動を通じて、その存在を人が認識できるようになるものである。

哲学者中村雄二郎が、名著「感性の覚醒」の中で指摘しているように、感性と理性は別物ではなく、感性は理性の基礎であり、理性は感性の高次化したものにすぎない。この基本的な事実が、現在の教育では抜け落ちている。さまざまな真理や法則は、人類が長い歴史と試行錯誤を経て到達したものであるにもかかわらず、その結果だけを強制的に丸暗記させることで学問嫌いの子どもを大量につくり出している。

力学の学習で大切なことは、力の働きをさまざまな実験を通じて感覚的に理解させることである。力は感性の働きで実感を持って捉えることができる。

次に安定とはどういうことなのかを、さまざまな事例を通じて理解させる。剛体のすべりと転倒、斜面上の物体の静止と運動、ケーブルの吊荷と形状変化、などを通じて力の諸法則を導く。釣合い原理は、このように日常的にどこでも観察できる装置を通じて、自然に体得できる。体得した釣合い原理からだけでも、じつに沢山の力学現象が説明可能になる。

架構内部の抵抗の仕組みも、部材の変化を拡大する工夫（ゴムやばねなど）を用いることで、表現することができる（図-1）。

パソコン用の応力解析ソフトが普及し、意匠設計者でも簡単に応力解を求めることができるようになったにもかかわらず、意匠設計者は、相変わらず応力追跡とは無縁である。合理的な架構形態の追求は、依然としてごく一部の構造設計者だけが取り組み、それもほとんど木造以外の領域に限られているという現状は、まだ応力の世界が多くの人々に浸透していない事実を示している。

木造の発達に関しては、意匠設計者や大工に期待するところが極めて大きいといわねばならない。これについては、木造は構造設計者に相談できない、という事情からだけではない。意匠設計者も大工も工務店もその気になれば、自分の力で架構計画を行い、それに絶対的な自信がもてるようになる。そんなことは不可能だと多くの人が信じ込んでいるところに重大な問題が潜んでいる。これは、分業化が行き過ぎたひとつの弊害といわねばならない。木造は、構造計算が不要と定められたため、軸組計算という簡便法が絶対視され、木造本来の多面的発達が閉ざされてしまった。誰からも見捨てられた存在になった木造を救うには、誰でもその気になれば木造架構計画ができるような手だてをつくり出さねばならない。

本方法は、法規制化されることを求めているのではなく、架構計画に自信を持つための自主規制の内容を提案しようとするものである。

以下に日本の設計者、大工、工務店が木造架構計画をマスターするための方向づけを試みよう。

変形適合条件や仕事式を一切用いることなく、釣合い原理だけで応力を確定することができる一群の架構形態が存在する。これを静的釣合い条件で応力が定まる意味から、静定構造と名付けられている。

あらゆる不静定構造は、静定構造を相互にピンで結合したものに置換することができる。その意味で静定構造を基本構造と見なすことには、相応の根拠が在る。架構を部材レベルにまで分解せずに、静定ユニットの剛性と強度のデータがあれば、全体剛性、変形量、分担力が分かり、架構計画が可能になる根拠はここにある（図-2）。

伝統木構法の架構学と現代への展開

若くして亡くなられた小野薫東京大学教授は、建築学科の学生ならば、構造を志す人もデザイン系の志望者も共通に学ばなければならない必須科目として、静定構造応力を挙げておられたという。これはなかなかの卓見というべきで、後年、氏の教育実践を記念して「趣味の構造力学」(1983年 市ヶ谷出版社) が出版された。そこには、詰め碁になぞらえて詰めモーメントなどの言葉が出て来る。応力と変形が体得でき、感覚化し得る静定構の学習と併行して、教材模型による実験を行えば、応力が身近になり、デザイナーでもパソコン用ソフトを活用し、架構計画を行うことができ、創造的な仕事ができるようになる。

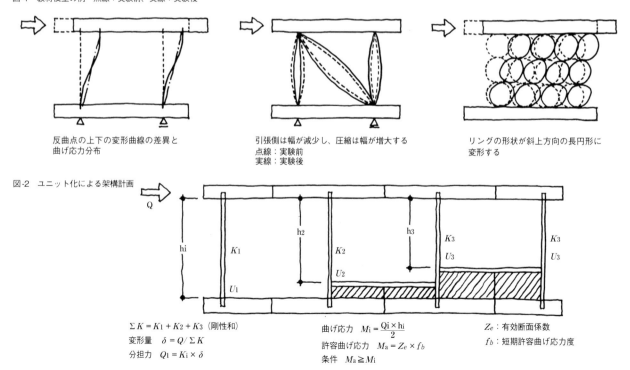

図-1　教材模型の例　点線：実験前、実線：実験後

反曲点の上下の変形曲線の差異と曲げ応力分布

引張側は幅が減少し、圧縮は幅が増大する
点線：実験前
実線：実験後

リングの形状が斜上方向の長円形に変形する

図-2　ユニット化による架構計画

$\Sigma K = K_1 + K_2 + K_3$ (剛性和)
変形量　$\delta = Q/\Sigma K$
分担力　$Q_1 = K_1 \times \delta$

曲げ応力　$M_i = \dfrac{Q_i \times h_i}{2}$
許容曲げ応力　$M_a = Z_e \times f_b$
条件　$M_a \geq M_i$

Z_e：有効断面係数
f_b：短期許容曲げ応力度

2-4　縮小模型による実験

ユニット模型実験

木造架構は実際にどの程度の外力にまで耐えることができるのか、崩壊するときはどのように壊れるのか、木という素材が持つ抵抗力を最大限に生かすには、寸法比ディテールにどのような工夫が必要なのか、というさまざまな疑問を解決する手軽な方法が、ユニットの縮小模型実験である。実験で得られた資料は、設計上の根拠とすることができる(図-3)。

曲げ系の基本ユニットを例として考えてみよう。柱を拘束する足固めと桁固めは、柱寸法の3倍以上を必要とする。このことは、曲げ破壊と剪断破壊が同時に発生するという条件から導くことができる。

柱の上下端を固定した状態で水平に一定の変形を強制的に与えるときの固定端モーメントをMで表すと、柱の剪断抵抗Qは$2M/h$である。柱の断面係数Zと許容応力度fを用いて$M=Z \cdot f$と表せるから、結局、実大の柱の剪断抵抗Q_Rと縮小模型ユニットの柱の剪断抵抗Q_mとの比率は、断面係数Zが寸法の3乗に比例し、高さhの方は逆比であるから、この例の場合n^2という比で表される。添字RはRealの頭文字で実物を表し、添字mはmodelの頭文字で模型を表している。

縮小比が$1/n$の模型実験から実物の強度を推定するには、模型の強度をn^2倍すればよい。このような推論が成り立つ事実を相似則と読んでいる。相似則は一般に、知りたい物理量ごとに異なるから、実験の目的を明確にし、それぞれの物理量に対応する相似則を求めるとよい。架構全体の模型をつくって耐力実験をすることは大変だが、ユニット分割とその構成という観点に立てば、ユニットの実験ですむ。ユニットの剛性と強度を調べておきさえすれば、それらは設計資料として使える基礎データとなる。木材は年輪間隔の影響と、加工精度に及ぼす工具の制約があるため、縮小比としては1/6程度が限界だと思われる。

相似則の精度を高めるには、実大実験を標準データとしながら、縮小比ごと、物理量ごとに理論上の相似則から求めた値と模型実験データのくい違いを補正する係数を明らかにしておく必要がある。その作業により、模型実験の意義は確実に向上する。

加力装置自体は、ターンバックルやテコなどのメカニズムを利用して、さまざまなやり方を工夫できるが、ロードセル(力計)を何にするかが問題である。一番簡単なのは、ばね秤(三光精衡所製など)を用いる方法である。ただし、計量範囲はおのずから限定され、160kg程度が限界である。もう少し大きい模型実験が必要となると、トンオーダーの計測装置が必要になる。現在、自記記録できる手頃なロードセルはリースで利用することができるから、それを使えばよい。

科学技術の発達史は、一面から見ると計測技術の発達史でもある。計測はあらゆる科学分野をつなぐ環である、という観点は重要である。計測装置を身近に置くことなしに、科学的にアプローチすることは難しい。科学技術発達の初期段階には、多くの分野で人々は簡単な装置や方法を工夫して、さまざまな定理や法則を確立していった。素朴な装置から複雑精緻な装置への移行は、精度の向上と同時に、実験に熟達した専門技術者の実験手腕にゆだねる結果になった。この分業化は、結果として研究と実験を身近なところから象牙の塔に移すことになってしまった。そして、木材の性質や材料定数のオーダーのような判断の基礎となる法則認識までも、雲の上の人にゆだねてしまったのである。昔の大工は一寸角で一千貫支える事実を一寸千貫と表現した。これは、現代の単位に直すと約420kg/cm^{2}になり、ほぼ当たっていたといえる。規矩術や割算の九九などは、専門家に頭脳までゆだねなかった時代の人々の知恵である。木造架構は誰にでもつくりやすく、またユニット試験体をつくる過程が木組みに親しむよい機会となる。もう一度、多くの人々が自由に実験を試み、それに親しむことで、木構造の法則認識と架

構形態の自由性、多様性の認識を回復することは、木構造への科学的アプローチのために欠かせない条件と思われる(図-4)。

実験装置の工夫

実験で知りたいのは、木造軸組が水平荷重にどこまで耐えるのか、である。面的な構造では、面の抵抗を剪断抵抗といい、抵抗力を剪断力という。斜材入りの骨組、筋違構造では斜材に軸抵抗が働く。斜材の抵抗力を軸力という。直交構成の骨組の抵抗は材の曲げ抵抗であり、その抵抗力を曲げモーメントという。水平抵抗のメカニズムは基本的に上記の3種であるが、この他に、柱や梁の曲げと部分壁の組み合わせがあり得るし、部分壁同士の組み合わせもあるので、それぞれ曲げ・軸力、曲げ・剪断、軸力・剪断と名付けると計6系統で、架構系はほとんど尽される。あとひとつ、曲げ・軸力・剪断系もある。これは柱か梁のどちらかが単一材である部類に入る。曲げ・軸力と曲げ・剪断は柱曲げ型と梁曲げ型を区別すると、結局9系統の軸組架構系に大別されることは既に述べた。

軸組の耐力試験は、結局すべての系を平行四辺形状に変形させようとする加力装置であるから、総称として、剪断試験と呼んでよい。そこで加力方向を対角状の引張りで与えると、試験用フレームの応力は軸力が支配的となるので、部材が細くてすむ。試験体に加わる水平力により回転しないから、上下の固定も不要になる。試験体にかかっている力を斜方向に加えた力の測定によらず、ロードセルを水平方向に入れようとすると、装置の左か右にそれだけの空きが必要になる(図-5)。

図-3 縮小模型実験の相似性

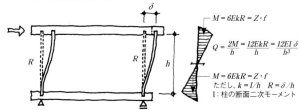

図-4 19世紀の材料強度実験

(出典:ティモシェンコ著、川口昌宏訳「材料力学史」鹿島出版会 1974)

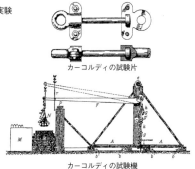

図-5 模型実験の加力装置

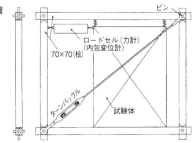

2-4 縮小模型による実験

デザイン運動としての模型実験

20世紀初頭、グロピウスなどが起こしたドイツのバウハウス運動や、また、ライトが行ったアメリカでのタリアセンの活動における思想と実践は、分業化による人間的分裂を克服し、科学性と芸術性とを人間的に統一しようとした点、また設計者が立つべき原点を差し示した点で、大変有意義であり、後世に大きな影響を与えたといえる。

設計者と大工棟梁とは、もともと同じ「ものつくり」の仲間であり、分業化の結果として分かれた存在になっただけであるという認識は重要である。設計者のルーツは、我が国歴代の大工棟梁たちであるということに設計者はもっと誇りを持ってよい。それは我が国の大工棟梁の創造性を評価するとき、特にいえることである。

分業化した両者に共通する守備範囲は、両者の重なり合う部分にある。両者にとって、このことへの内省は常に必要なことである。構造設計者と意匠設計者についても、よい建築とは何かについての共通認識をもたなければよい仕事はできない。この共通認識と相互信頼は、両者が協力するために不可欠な内面的条件である。守備範囲を自ら限定する安直な方向を否定して、共通領域を志向する情熱がなければ、ひとりの人間の内面から生み出されたような統一感はでてこない。

そのような出会いがないときは、ひとりの人間がオールラウンドの活躍をするしかない。オールラウンドに挑戦しようとする人がひとりでも多く現れ、その人たちが何かのきっかけで協力する機会があれば幸運というべきである。「偶然が活かされる社会でなければその社会には活力がない」(遠山啓氏の表現)といってよい。

実際に自らの手で物をつくり、よい建築の各部を実測し、部分架構の試験体をつくって変形と破壊の実験をするという即物的方法が、学校教育の中で希薄なのである。木造の設計課題のなかでも、架構の仕組みにはさまざまな方法があり、それぞれにディテールのやり方と耐力性能が密接につながっていることをきちんと教えているところは見当たらないという状態である。徒弟制の教育方法は、本来は全人間的なのだが、知育主義の立場からは大変偏った教育にうつるらしい。だが、知育偏重が大量の精神的不具者をつくり出していることは確かであり、本来の意味の知育にもなってはいない。頭と手のバランスのとれた教育は設計者にも大工にも共通に必要なことである。

学校教育は、研究者が教育者を兼ねている。研究者と実務家とは、単なる分業であるのに、あらゆる点で対極的位置に両者はいる。

実務家は、広範囲の大量の課題に精力を分散され、仕事は反復的である。研究者は小領域の少数の課題に精力を集中でき、仕事は新規性を持つ。実務家は社会に開かれて、小問題を多く抱えながら基準に従い、研究者は殿堂に閉じこもり、大問題を少量抱え理論を拓いていく。

実際に物をつくらせれば、実務家の方が応用巧みだが、論理の操作では実務家は研究者に及ばない。これらは日々の仕事の性格からくるものである。研究者の狭さが禍すると大らかな「ものつくり」は育ちにくい。学校教育には、実務家と研究者の両方の性格が必要である。すべて研究者任せということは、教育を狭くしているといえる。だから、実務にも携わる研究者が教育に関わると、学生たちを夢中にさせる。その種の研究者は例外なく、教育に実験を重視している。卒業生に聞いてみると、学生のときの実験が強烈に印象に残っていると語っている。では、実務家(大工と設計者)にとっての有用な実験とはどのような種類の実験が考えられるだろうか。実験は目的に応じて3種類に分かれる。

その第1は、力の性質を理解するために工夫された学習用の教

材実験である。釣合い原理を知るため、あるいは応力の種類を変形から推測するものなど、それぞれに工夫次第で面白いものをつくり得る。

その第2は、架構要素の剛性と強度を知るための縮小模型による加力実験である。木材の性質上、縮小比の小さすぎるものは不可能だが、数分の1程度からでき、かなり確かな設計資料が得られる。ディテールは実物と同様なので、試験体の製作自体がよい経験になる。

その第3は、部分または全体についての実大実験である。本来はこれが一番望ましいものだが、個人では手軽にやれないことが難点である。しかし、大工集団と公的研究機関が協力すれば気軽にできる。これには代表的ユニットや仕口のほかに、実際の建物で上棟時に設計耐力を確認する目的で行う、静的加力試験（耐力実験）などがある。

実験的方法論

「実験的方法の意義はどこにあるのか」の解は、20項以上に及ぶが、研究と実務のギャップを埋め、理論を内在化する上で必須の事柄である。日々の実践は広義の実験（長い歳月を要する）には違いないが、目的を限定して行うという意味で、実験と実践とは区別する必要がある。

強調したいのは、実験を必要とするのは研究者ではなく、実務家（大工と設計者）であるという点である。架構計画上で必要となる判断材料は、日常的に行われる一連の実験によって、感覚的なものとして身に付いてくる。

大震災などの特殊的体験は、自然が人間に与える大規模の実験と捉え、綿密に分析を加えねばならない事柄である。従来、これらは研究者の主張を裏付ける目的でデータ化されてきたともいえる。データは、構法を改良するために用いられるのか、構法を否定するために用いられるのかでまったく意義が異なってくる。個別に分析を加えない統計的データは、おおよそ意味がない。

実験的方法の意義は以下に示すように多面的である。

1. 「論より証拠」で無意味な論議を打ち消す説得力を持つ
2. 稀に起こる災害を部分的に何度でも再現できる
3. 変形を通じて剛性が感覚的に分かる
4. 運動を通じて安定や衝撃や共振を実感できる
5. 破壊を通じて、架構や部材の強度が分かる
6. 理論や計算の意義が、感覚を通じて信じられる
7. 試してみる意志が日常的に生じ、習慣になる
8. 実験は理論を伴うとき、科学的方法にまで成長する
9. 誰にでもできる気楽さと普遍性を持っている
10. つくり方が架構耐力に影響する事実が実感できる
11. 模型実験から実際の強度を推定することができる
12. 計測することの意義を知りその習慣が身につく
13. 不毛の議論を根拠ある議論に転換できる
14. 日常的にデータに関心を持つようになる
15. 計算値と実験値の差異の原因を洞察できる
16. 理論より実験を重視するように考え方が変わる
17. 実験結果を説明できる理論を優先するようになる
18. 本来的な理論重視の思想が芽生える
19. 実験を通じて実証的精神と方法が身につく
20. 自ら準備し、データ化して自前の資料をつくり出す
21. 実験により、多数の人が確信を得られる
22. 実験データを交換し合い、多くのデータを得られる
23. 理論やモデルを実験から導くようになる
24. 実験の普及により、データが社会的共有物になる

2-4　縮小模型による実験

縮小模型試験体

柱の曲げ抵抗を生かすには、柱脚に足固めを入れ、柱頭には桁固めを入れる必要がある。両方とも柱寸法の3倍以上の梁寸法を要する。土台（桁）＋幕板＋大引（差鴨居）の3材を太柄で結合した重ね梁を提案している（図-6-1）。

壁の中に入れる通貫は、その曲げ抵抗の働きで、柱を曲げ起こす作用がある。その仕口ディテールにはまだ改良の余地があるが、足固めと桁固めによる柱拘束の効果に加え、通貫や胴差による柱拘束の効果があることは事実である（図-6-2）。

合成柱と合成梁を直交結合するとき、合成フレームができあがる。この場合、胴差（または差鴨居）は、柱を通して壁の中まで設けることが肝要である。なぜなら、合成材の曲げ応力は、偶力により弦材の軸力に変わるため、抜け出したのでは架構にならないからである（図-6-3）。

合成材を直交結合して、合成フレームを構成する考えは、軸力系、剪断系とも共通である。差鴨居が抜け出しては架構にならないから、差鴨居は柱を通して、壁の中まで設け、竿継ぎとする。剪断材の強度と剛性は、太柄の径とピッチ、板厚などが支配する（図-6-4）。

筋違入り独立耐力壁を基礎にボルト固定せず、上下のつなぎ梁の曲げと剪断に期待するタイプである。耐力壁の仕口が梁から抜け出しては架構にならない。合成柱の上下端は込栓と割楔併用で抜け出しを防止するディテールとする（図-6-5）。

腰壁によって柱を拘束することにより柱の曲げ抵抗を生かすタイプである。それゆえ、胴差は柱を貫通する竿継ぎで力を伝え、引張力をどの部分も例外なく保つことがポイントである。柱の曲げ剛性を低めにしたいときは桁固めを省いて柱頭ピンとすればよい（図-6-6）。

板倉を入れた垂壁を合成梁とすることにより柱の曲げ抵抗を生かすタイプである。差鴨居のどの部分も引張抵抗を保ち、抜け出さない工夫が必要な点では、曲げ・軸力系と同様である（図-6-7）。

板倉入り独立耐力壁の上下に丈のあるつなぎ梁を入れることにより、自立壁から構面形成に移りボルト固定を不要にする。この場合も曲げ・軸力系1（図6-5）と同様に耐力壁の仕口がつなぎ梁から抜け出さないことが架構条件になる（図-6-8）。

柱が板倉入合成柱であり、梁が筋違入り合成梁で相互に合成フレームを形成するとき、剪断系、軸力系おのおのの特徴を生かした合成フレームとなる。剛性、強度、施工性など、両者の利点をうまく組み合わせることができる（図-6-9）。

柱を筋違入合成柱とし、梁を板倉入合成梁とする合成フレームもあり得る。筋違を柱芯に納めて塗土壁とし、梁の板倉を表とするやり方もある。板倉と筋違が塑性域に入ってからの挙動が、組み合わせを考える上でのポイントとなる（図-6-10）。

梁曲げ型

二つの隣り合う耐力壁の上下を丈高梁でつないでやると、剛性、強度ともに大きな架構ができ上がり、大変有効である。

伝統木構法の架構学と現代への展開

図6　縮小模型試験体

6-1　曲げ系-1

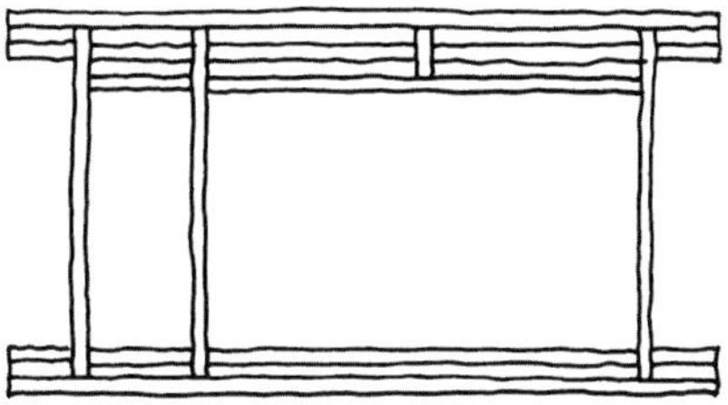

6-2　曲げ系-2

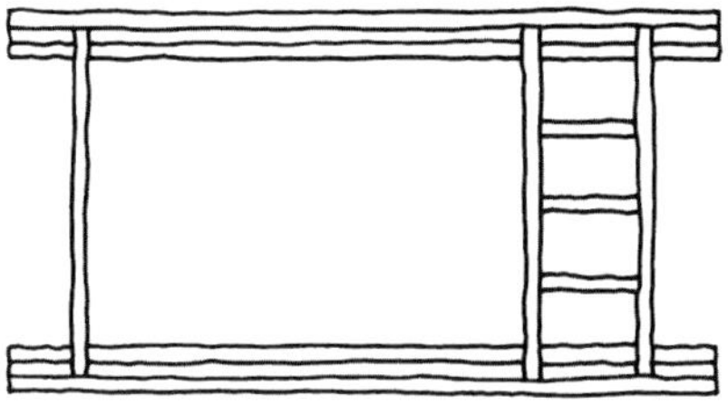

6-3　軸力系

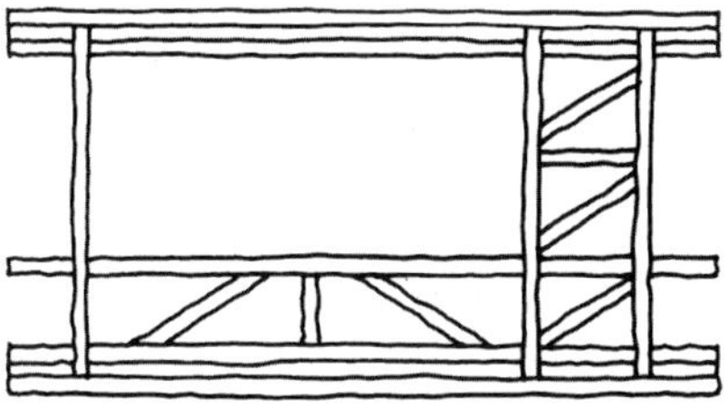

6-4　剪断系

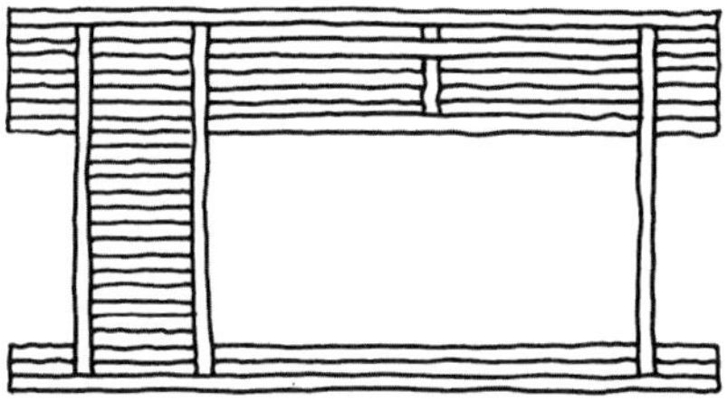

6-5　曲げ・軸力系-1

6-6　曲げ・軸力系-2

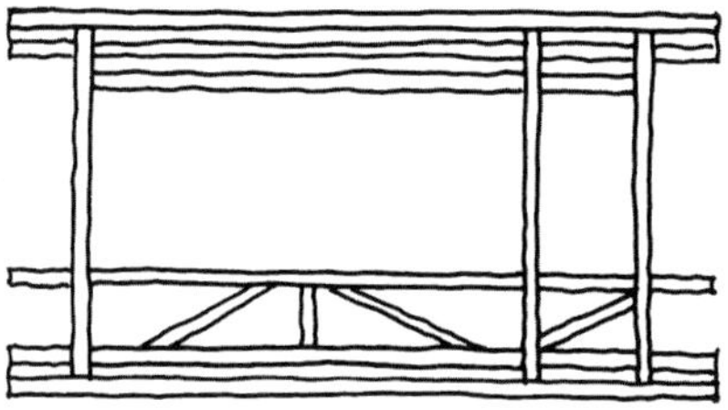

6-7　曲げ・剪断系-1

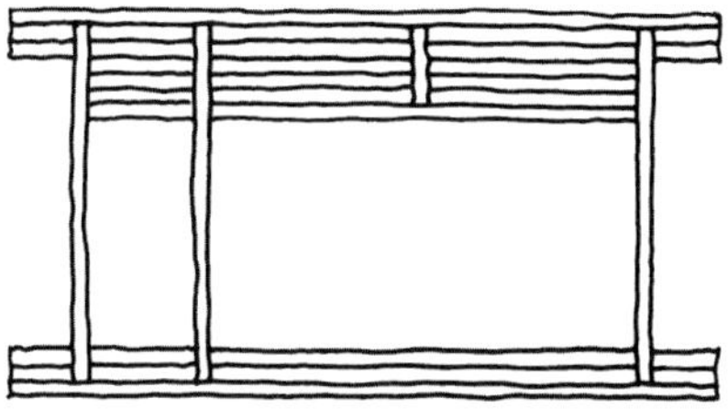

6-8　曲げ・剪断系-2

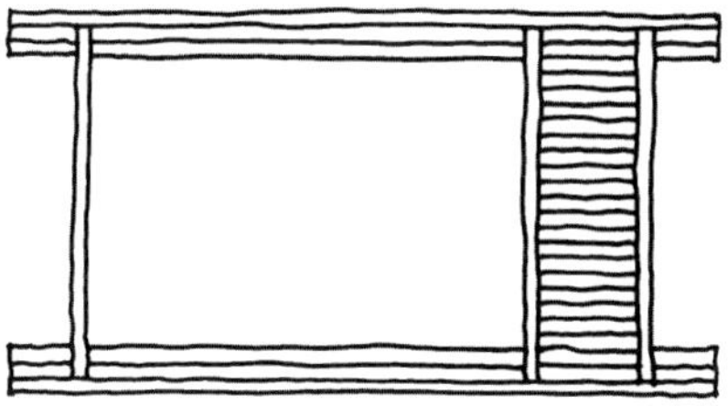

6-9　軸力・剪断系-1

6-10　軸力・剪断系-2

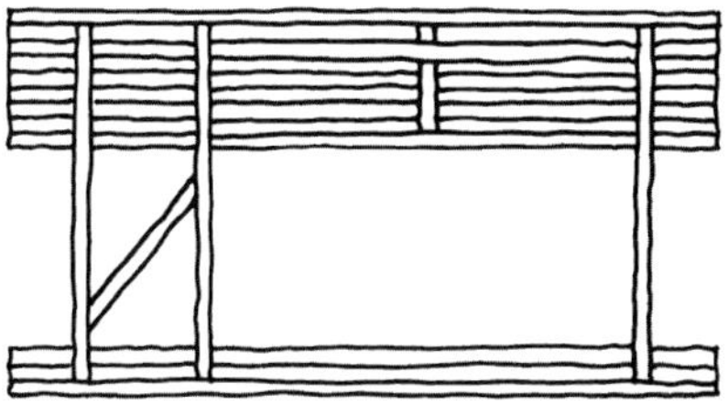

2-4 縮小模型による実験

積層架構の定石

城の天守閣や五重塔は、屋上屋を重ねてゆく、いわゆる御神楽のつくりである。日本のような地震国で、匠たちはどのように考えて積層架構をつくってきたのであろうか。

眞島健三郎は昭和6年、「耐震建築への疑い」という論説を、朝日新聞紙上に四回に亘って連載した。その主旨は、学者たちの説く、筋違で固める方式一辺倒に対して、匠たちが伝統的に受け継いできたのは、しなやかな抵抗を繰り返す方式である、と、実際の地震災害（豆相地震）の事例を指摘しながら説いたのである。いわゆる柔剛論争として、後世に大きな影響を与えた。振動理論が未だ熟さぬ時代にあって、匠たちの直感は剛構造の危険性を捉えており、眞島健三郎はそれを代弁したのである。近年に至って、超高層の実現で柔構造理論の正しさが立証された訳である。一時期、二層とか三層の積層方式では、各階を通す通し柱が有効だという意見が主流を占めたことがあった。しかしこれも、各層で変形角が異なる実態を反映しない机上の空論にすぎず、通し柱は必ず折れる、という実態が見抜けない謬論であった。

通し柱は、引抜力を生じたときは有効に働くだろうが、その前に折れてしまっては何にもならない。

五重塔の芯柱はどうなんだ、芯柱があるから五重塔の倒壊事例はゼロなんじゃないのか、とおっしゃる御仁がおられるかもしれない。しかし五重塔の芯柱は、残念ながら、塔を支えているのではなく、頂部の双輪を支えているだけで、足元は縁切れで宙ぶらりんにぶら下がっているだけだ。ならば何のためにあるのか、というと、各層が自由勝手に動き回らぬように、一定の範囲に動きを限定する閂の役割をしているのである。

自由に動き得るような装置を持つから、動的には有効な応答を示すに違いない、と思われる。

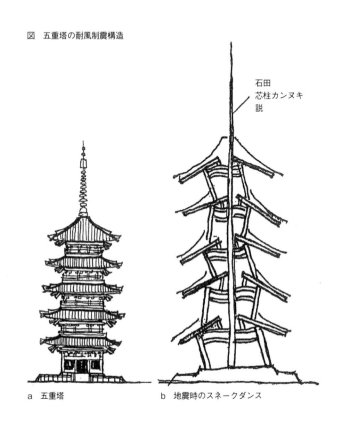

図　五重塔の耐風制震構造

a　五重塔　　b　地震時のスネークダンス

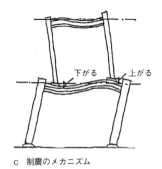

c　制震のメカニズム

伝統木構法の架構学と現代への展開

近年に至って、匠たちの伝統と相対立する考え方のひとつに、金物を使え、というのがある。古い時代は、金物が高価につくので簡単には使えない、という事情も一方にはあった。だが、匠たちは、殊更に、複雑な刻みの方を選んだ。金物を使って簡単な仕口で済まそうとする大工を、源蔵仕事といって軽蔑したのである。

ところが近年の「金物を使え」には、それらの方が架構として望ましい、というニュアンスであった。丈夫になる、というのである。

さて、真実は一体那辺にあるのだろうか。

そもそも、継手・仕口が全強（母材と同一強度であること）である必要があるのか、という問題である。敢えて近代派と伝統派に分けて考えるなら、全強であるべしと考えるのは近代派であって、伝統派は位置による、と考えている。鋼と木という異質の材の組み合わせには慎重でなければならない。結露によって、鋼の周りに付着した水分は木を腐らす働きをする。だから、鋼は木の内部に包み込まなければならない。木は繊維方向には強いが、繊維に直交方向には弱い。従って、横縫いに用いると、木を裂く方向に働く。

横縫いボルトは絶対的に避けねばならない最悪の使い方である。

以上のように考えると、金物使用は極めて制限事項の多い、限定的な制約されたやり方でしかないことが分かる。

金物使用を正当化するあとひとつの理由は、引張に耐える仕口はないから、そこをボルトで止める、というものだが、これは先程の横縫いボルトで、やるべきでない最悪の使い方である。辛うじて残る殆ど唯一というべき継手は、大径木材の外周部でなら可能である縦縫いボルト方式であろう（図-A）。

伝統の継手・仕口には、若干工夫・改良すべき点はあるとしても、基本的に欠落する仕口・継手は存在しない。唯一の弱点は、木目に沿って裂けやすいという点だけである。

各層は相対的に独立しており、相互には、ピン接合されている状態、これが積層する架構間の正当な関係であろうと思われる。ここには通し柱も大黒柱も存在しない。

図-A 大径材の縦縫いボルト継手

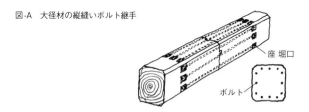

積層架構の例

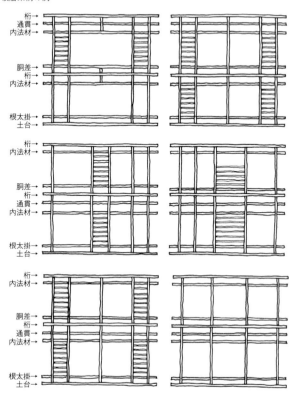

第3章
増田一眞の木構法

木造に限らず、鉄骨造でもRC造でもでき上がりがどう見えるか、をいつも考えている。構造だけの請負いだから、持ちさえすればよい、などとは一度も考えたことがない。材にムダがないか、構造躯体として単独に見ても美しく見えるか、に腐心する。それが構造の神髄だと信じている。その上、長もちするのか、どこから傷むか、損傷したとき、どう補修するかまで考える。デザインの本質を構造面から生かすことなしには、建築はありえないからである。木造に限っていえば、大工が手仕事で仕上げる伝統木構法以外は木造ではない。そこには鉋掛け以外に仕口や継手がどう見えるかにまで注意と関心が払われないからである。プレカットや大壁構造では、こうした腐心はすべて見る影もなくかき消されるからである。

持送り構造｜筑波第一小学校体育館

立地は筑波神社の鳥居の真下の崖地である。我が国の各地に多くみうけられる懸崖（けがい）づくりで先ず構台を組んでからその上に上部構造をつくらなければならない。基礎は独立基礎とした。本体は両側面のコアを利用し、そこから持送る形式を採った。持送り梁のつくり方には、重ね梁による方法と、重ね透し梁による方法の二通りがある。重ね透し梁による方が断面効率は高まるのだが、手間がかかる。そこで、単純な重ね梁による方法を選んだ。

持送りの手法そのものは、山梨県の猿橋や、富山県の愛本橋などに見られる。愛本橋は1656年に黒部の本流に架けられた全長62.4mの刎橋（はね）である。

両妻並に桁面の壁は板倉（厚板による落し板）を施して耐力壁とした。これは刻合せに用いる太枘の剪断耐力に頼るやり方である。（※太枘1c㎡につき100kgの認定を得ている）

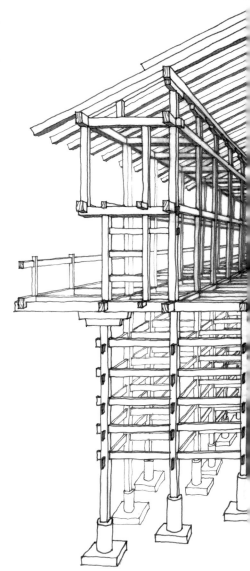

増田一眞の木構法

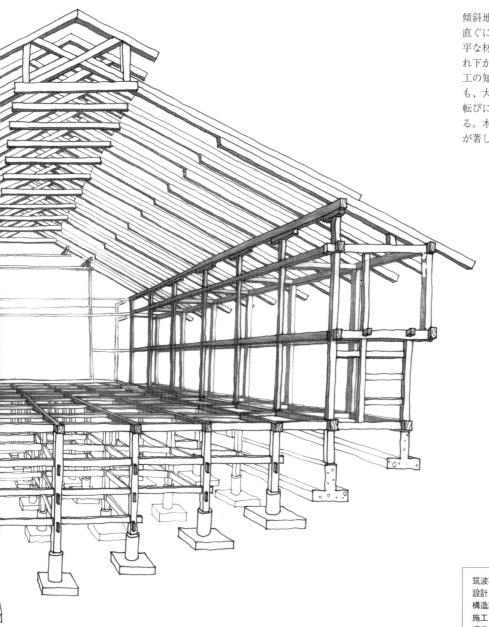

傾斜地に立つ柱は山側に倒して立てる。真直ぐに立てたのでは逆に倒れて見える。水平な材はムクリをつける。真っ平らでは垂れ下がって見える。人の錯視を見越した大工の知恵のひとつである。実際問題としても、大空間の外方への開きを見越して、内転びに柱を起こして柱に起こりを与えている。木の繊維に直交する方向は乾燥収縮率が著しい。この対策は容易でない。

筑波第一小学校体育館
設計：下山眞司＋筑波建築設計
構造設計：増田一眞
施工：井上工業＋眞木建設
構造：木造
規模：地上2階
面積：建築 673.21㎡／延床 631.00㎡
所在地：茨城県つくば市
竣工：1987年3月

立体小屋組 | さくら保育園

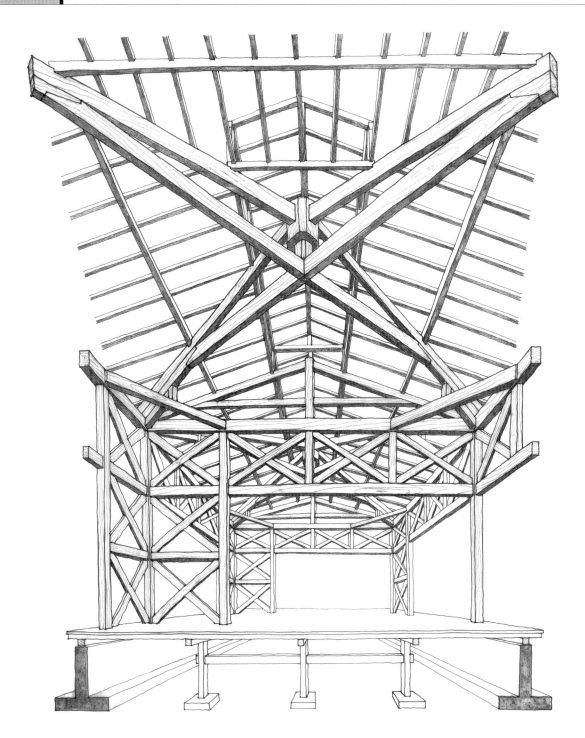

斎藤公子先生の保育思想は独特のもので、幼児の健全な発育には、気積を十分に確保すること、床は桧の直仕上を絶対とし、腰壁などの空気の淀む箇所を設けないこと。庭と室内をストレートに直結すること、等々である。そこで桁高5m、内法高3.5mというサイズが出現する。一般の設計者を信頼せず、自分の主張で設計者をリードするのである。深谷のさくら保育園は、斎藤公子先生の本拠地である。

4間四方の屋根を受ける小屋組を通常とちがって対角に配し、隅の檜(ひうち)で支える方式とした。見上げたとき、こちらの方がダイナミックに見えることと、屋根面が固まって架構が立体的に安定するからである。筋違角度は内法高を二分して、ほぼ45°となし、垂壁も約5尺丈となるから同様角度を確保できる。

園児たちの身体の発育を促すために、庭には筑山をつくって登ったり降りたり、泥んこになって遊ばせている。知育よりも体育を重視する保育思想の一環である。また、自由に絵を描かせて、その絵から心の成長を観察する、というのも斎藤公子の保育理論にはあり、すでに何冊かの画集を出されている。

```
さくら保育園
設計：佐々和子
構造設計：増田一眞
施工：高雄工務店
構造：木造
規模：地上2階
面積：建築 907.60㎡／延床 935.34㎡
所在地：埼玉県深谷市
竣工：1988年
```

トラス　とねっこ保育園

この保育園も斎藤公子先生の指導監修になるものである。母親たちが資金を出し合い、自主的につくった自力建設保育園。斎藤公子先生は、この種の保育園を全国各地に運動として建設した。

ここは山地だから平地よりも土地代が安かったが、こんな場所でも建ちますか、というから、懸崖(けがい)づくりで十分建ちますよ、と答えたら安心していた。スパンは11mにおよぶ、体育館に匹敵する規模である。完成祝いの席で、「こんな広間が木造でできるのですか。私が頼んだ設計者は『鉄骨でしかできない』と鉄骨にされてしまった、大変残念です」と嘆いていた。

上部構造は一種のトラスである。子どもたちは上のプレイルームより床下の懸崖づくりの空間を大事な宝物の隠し場として好んで使っている。

子どもたちが遊ぶための遊具代わりに、ワインの空樽を台に乗せ、底・ふたを外し、その中を自由に潜らせている。傾斜地にさまざまな装置を工夫して、自然な遊びの空間を子どもたちに工夫させているのもその特徴のひとつである。山あり谷ありの天然の環境そのものが、遊びのための必要にして不可欠のものである。

```
とねっこ保育園
設計：佐々和子
構造設計：増田一眞
施工：矢島工務店
構造：木造
規模：地上1階
面積：建築 353.20㎡／延床 341.90㎡
所在地：茨城県取手市
竣工：1989年5月
```

増田一眞の木構法

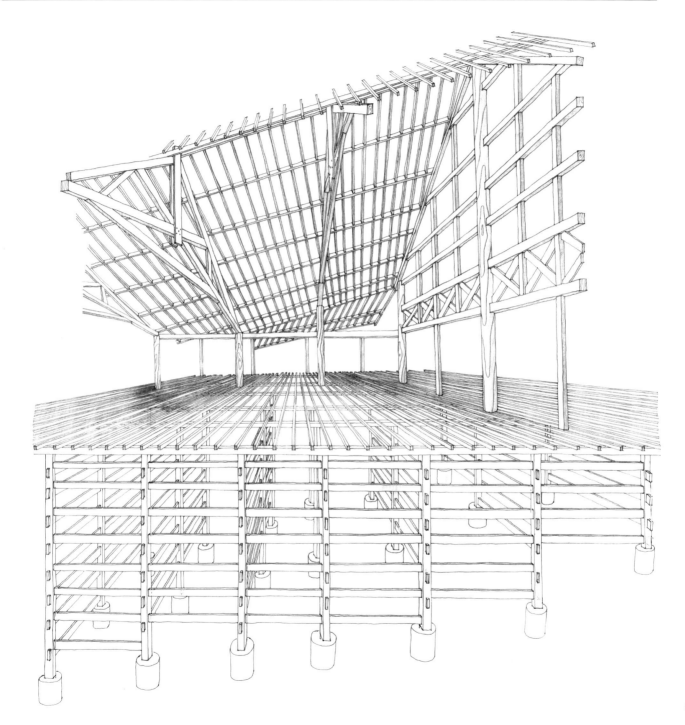

方杖アーチ　くるみ保育園

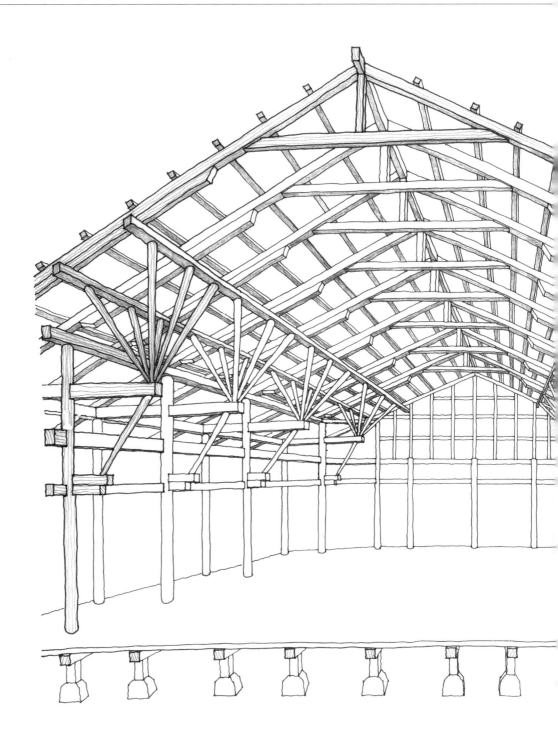

増田一眞の木構法

羽曳野市に建つ、斎藤公子先生監修、佐々和子氏設計の保育園である。
これは日本ではめずらしく、屋根を直接支持するかたちをとっている。北欧にはこのスタイルは結構見うけるそうである。問題はスタイルではなく、棟から柱脚まで支保ポイントの各々の要所を結んでゆくと、ちゃんと力の流線、アーチを描く、パラボラ線上に、みごとに乗っているところがミソなのである。皆さんには、ぜひ作図してこの事実を確かめてみてほしい。
プレイルームの脇には、保母さんたちのたまり場が2階に4間×4間の広さを持ち、ここには格子組を4隅の方杖とはね出しで補剛して支保する形式の床組を採用している（イラスト参照）。

完成祝いの席で、空間構成の奇抜さに驚嘆の声が聞かれた。幼稚園のプレイルームにふさわしいというのである。たしかにここには、心を躍動させるものがある。
ストレートに屋根を支えたダイナミックさからくるものか、その辺がよく分からない。大きな空間が何しろ大らかさを伝えているのである。

くるみ保育園
設計：佐々和子
構造設計：増田一眞
施工：丸栄建設
構造：木造
規模：地上2階
面積：建築 486.58㎡／延床 621.26㎡
所在地：大阪府羽曳野市
竣工：1991年2月

通し貫・差鴨居構法　高花平保育園

通貫は単に壁の下地であるかの如く扱われ、いつの間にか5分厚（15mm）にまで退化してしまっていた。構造材としては1寸（30mm）必要である。構造材は時が経つにつれて退化する傾向にあるとみえて、長押などその典型である。古代の長押は幅広の材を柱型だけ欠き込んで外から嵌めることで柱を拘束したもので、純然たる構造材であったものが後に化粧材として扱われるようになった。柾目だけが重宝されて薄っぺらいものに変わった。通貫は重源（1121～1206年）の創案になるもので、柱芯を貫通するから、柱の生かし方としては秀れている。高花平保育園では通貫を持つ3尺の壁柱をそのまま合成された柱として表わしたら子どもたちははしごのように登ったり下りたりしていた。全体を独立基礎に打込み（鋼管内に柱を入れてエポキシを注入し、鋼管の外にはスタッドを打った上で）柱脚固定とした。垂壁にはかえる股などを構造材兼装飾として活用した。

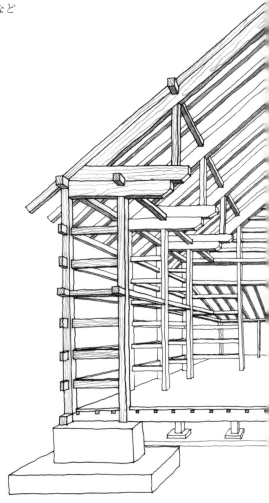

増田一眞の木構法

伝統木構造には、構造材がそのまま意匠化されているケースがたくさんある。楔や車知、込栓ですらアクセントとして生かされている。
この建物ではかえる股を、欄間を見せるように扱っている。かえる股自身は集中荷重を分散させる役をするが、ここでは平行四辺形に変形するのを防ぐ役割をさせている。

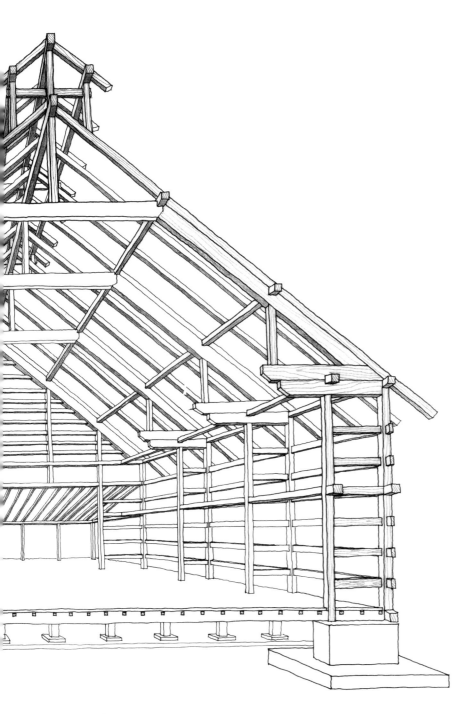

高花平保育園
設計：現代計画研究所
構造設計：増田一眞
施工：日野設計
木工事：矢橋林業
構造：木造
規模：地上1階
面積：建築 781.11㎡／延床 699.14㎡
所在地：三重県四日市市
竣工：1992年4月

木造斜交格子 | 葛西邸

平面が5間四方の天井と壁を斜交格子で組んで、そのまま意匠材に用いた。2階増築の重量は見込んで設計してある。平面の1間の分点を45°に結んで斜交格子の壁と床をつくった。直交格子と斜交格子を比べると、斜交格子の方が応力分布が均等で理想的である。但し交点を相欠きにしっ放しでは欠損になり、弱点となるから、組み合わせた後、添材を施して補ってある。添材は一定間隔に太枘を打って母材と一体としている。

できあがってみると空間は実にシンプルにして美しい。必要なものだけで構成し、余分なものは一切ないからだろう。

基礎はベタ基礎とし、立上りの腰壁を礎盤からの逆梁として処理している。

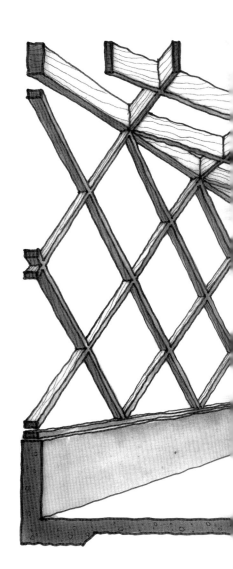

室内を構成する要素が、構造材のみである、という典型例である。
葛西氏自身、この構想が気に入って、他にもいくつか実施している。たしかに、シンプルにして美しい、どこに出してもはずかしくない、空間である。
広さとしても5間四方というのは過不足ない適当な普遍性をもっている。

増田一眞の木構法

葛西邸
設計：葛西潔
構造設計：増田一眞
施工：大原工務所
構造：木造
規模：地上1階
面積：建築 83.00㎡／延床 83.00㎡
所在地：東京都国分寺市
竣工：1992年3月

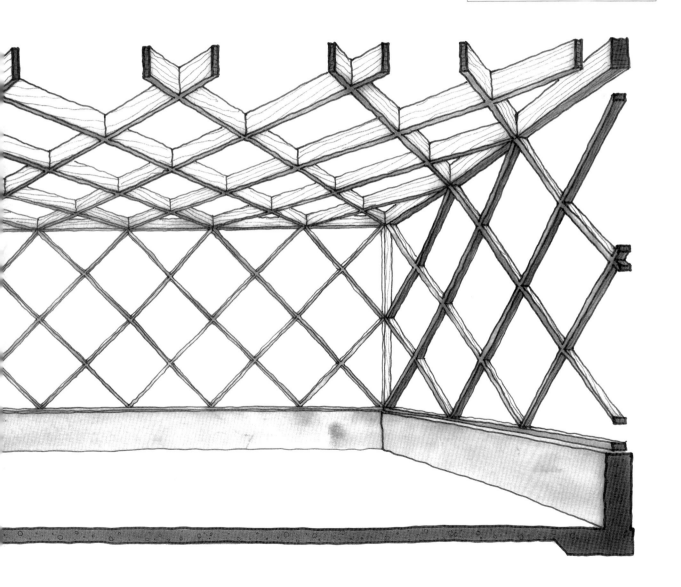

格子組み梁 高橋林業土木社屋 研修棟

安藤水軍の根拠地として有名な青森十三湖のすぐ近くに高橋林業土木がある。広大な青森ひば林をもち、さまざまな木工品を製造販売している会社である。
研修棟はそのうちの本館ともいうべき2階建の建物で、研修室はその2階にある。研修棟のほかに事務棟（平屋）と商品を展示するための展示棟（屋根裏を含む2階建て）の計3棟をつくった。事務棟はゆるい勾配の円筒屋根とした。そうすることで風により雪が積もらないのである。展示棟は狭いが急勾配とし、小屋裏まで利用できるような計画とした。研修棟の2階梁は上下弦の間に束を2本立て、通貫も2段入れてその格間に入れる材の形を工夫して装飾的な欄間のような梁とした。研修室は小屋梁を用いない、直交構成の木組みのみとしつつ、中央部はそれもはぶいて空間を圧迫しないように工夫した。

```
高橋林業土木社屋 研修棟
設計：市川総合設計室 市川晧一
構造設計：増田一眞
施工：高搞林業土木
構造：木造
規模：地上2階
面積：延床 445.78㎡
所在地：青森県北津軽郡
竣工：1996年7月
```

増田一眞の木構法

どこを取り上げても、構造材が即意匠をなしているという点では、高橋林業土木の3棟ともあてはまっている。とりわけ、研修棟ではそれが顕著である。直交構成の材と隅部の持送りの補剛材とが、独特の雰囲気を空間にもたらしており、正に研修空間にふさわしい。

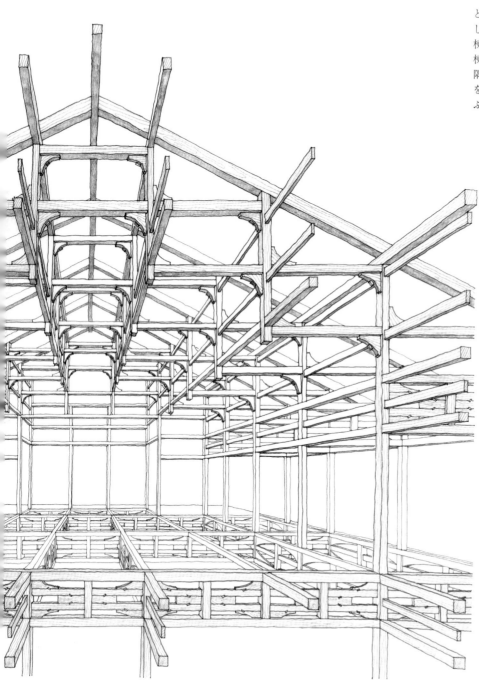

サスペンアーチ | 天竜森林組合 林産物加工工場

当初鉄骨造の架構案で相談があった。用途を問うたところ、間伐材の貯木場だとのこと。ならば間伐材を利用しない手はないだろう、となった。間伐材を90mmに加工して二段重ねとした上で、継手位置をずらし、継手位置でも耐力を充たすことを確認した。

サスペンアーチの有利さは、トラスと比較するとき、斜材が不要な点にある。アーチとサスペンションの軸力の垂直成分が剪断力に抵抗をするため、ラチスがなくても、載荷能力を充たすのである。現場での製作方法を見ていたら、両端を結合しておいて、中間の弦材間にジャッキをかけて距離を保ちながら束材を挿入していた。いとも簡単にサスペンアーチができあがるのである

天竜森林組合 林産物加工工場
設計：辻垣建築設計事務所
構造設計：増田一眞
施工：中村組
構造：木造＋RC造
規模：地上1階
面積：延床 874.83㎡
所在地：静岡県浜松市
竣工：1992年2月

増田一眞の木構法

スパン23mのライズとサグを中心線から振り分けず、ライズ側2/3として、少しでもサグを少なく見せようと試みた。暴風時は常時とは逆に上端に引張が働くので下弦材が挫屈するのを防ぐため、下弦に直交する方向に鉄筋を張り、妻部で母屋に止めて、安定を期している。

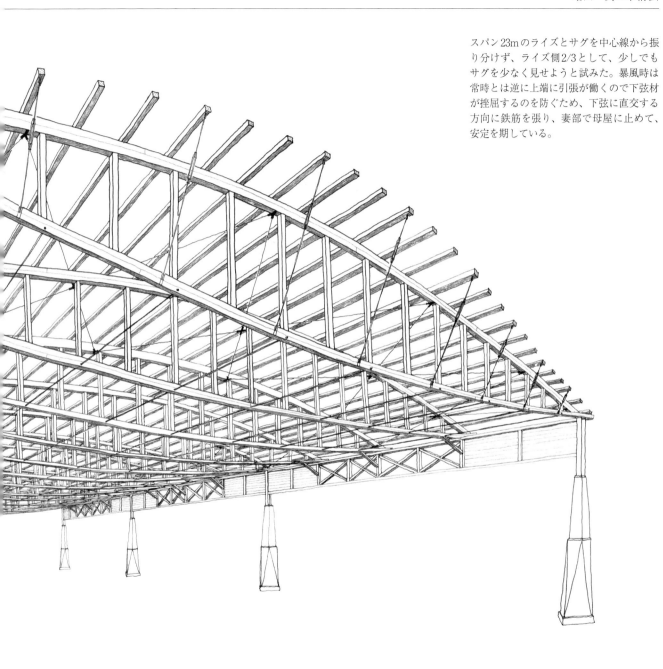

木造ラーメン構造　向嶽寺方丈

中央線の塩山の北方に位置する、有名な古刹である。

平面図を見ればひと目で分かるように、壁のまったくない、日本古来の柱だけの建物である。腰壁のないように柱を拘束する雑壁すらなく、あるのは唯一、垂壁だけである。止むを得ず、頭部を拘束された柱の構造として計算したところ、桧で少なくとも4寸5分角以上必要という結果を得た。その計算結果を田中文男棟梁に話したところ、「わかった。それなら柱は桧の5寸角でいこう」ということに相なった。

柱脚の固定度を充たす条件は柱に比して十分剛性の高い足固め材を配置すること以外にない。

増田一眞の木構法

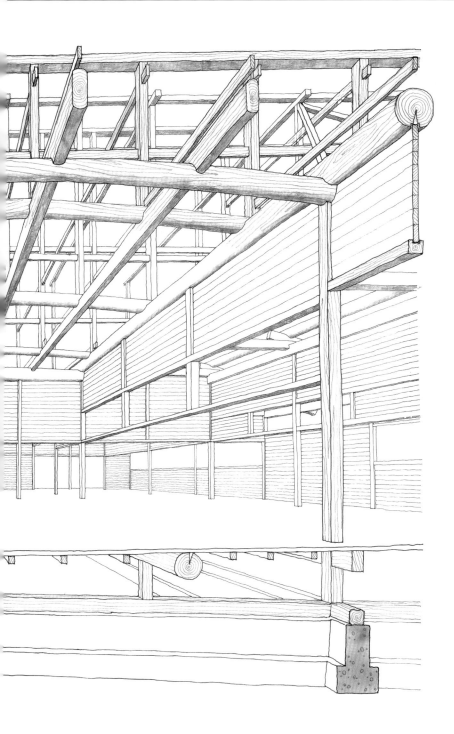

建具と天井をとり払うと構造材以外にない。田中文男棟梁は自身で開発した板倉を、垂壁や耐力壁に用いて、その上に漆喰を塗っている。

落し板の厚みは6cmあり、柱内の溝に嵌め込まれているから、相当な拘束力をもった壁ができ上がる訳である。

建具を取り払うと8間×11間の広大な大広間が出現する。

```
向嶽寺方丈
監修：太田博太郎
企画：田中文男
設計：伊原恵司＋眞木（田中文男）
構造設計：増田一眞
施工：間組
構造：木造
規模：地上1階
面積：建築 414.5㎡／延床 339㎡
所在地：山梨県塩山市
竣工：1995年10月
```

合成梁架構　カトリック浜松教会

この教会には二つの特徴がある。そのひとつは、外壁をコンクリート壁で囲まれていること。二つ目は強剛な合成梁のヒンジ結合で屋根面が閉じていることである。ヒンジ結合点の終端から放射状にユニットが配置される状況を、閉じている、と表現している。

施工方法で工夫した点は、壁面をつくるに際して全面に型枠を組んでコンクリートを流し込むやり方ではなく、現場で一定幅のユニット壁面を平打ち制作したのち建起して結合したことである。型枠としては小口だけですむので最小限である上、固練り故耐久的な壁面が得られるという一石二鳥の効果が得られることである。打継部は剪断と引張りが加わり、漏水がないことだけが必要条件であるからそれほどの困難さは存在しない。

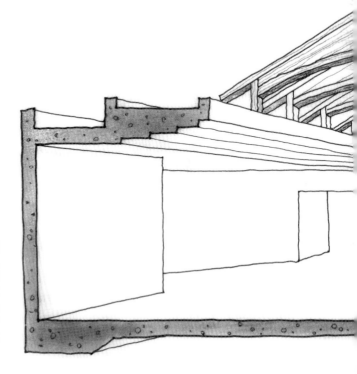

構造材がそのまま巧まざる意匠空間を構成している。壁体の頂部から始まる支端は、あるかなきかの極めて華奢な細い材で始まり、中程に達するに従って逞しく成長してゆく。中央部では、それらは上下二段にわかれて合成された大型の構造材を形成する。それらが連続的にぐるっと一巡することによって空間をなす。

増田一眞の木構法

カトリック浜松教会
設計：辻垣建築設計事務所
構造設計：増田一眞
施工：アサヒハウス工業
構造：木造＋RC構造
規模：地下1階、地上1階および地上2階
面積：建築 776㎡／延床 1,108㎡
所在地：静岡県浜松市
竣工：1994年8月

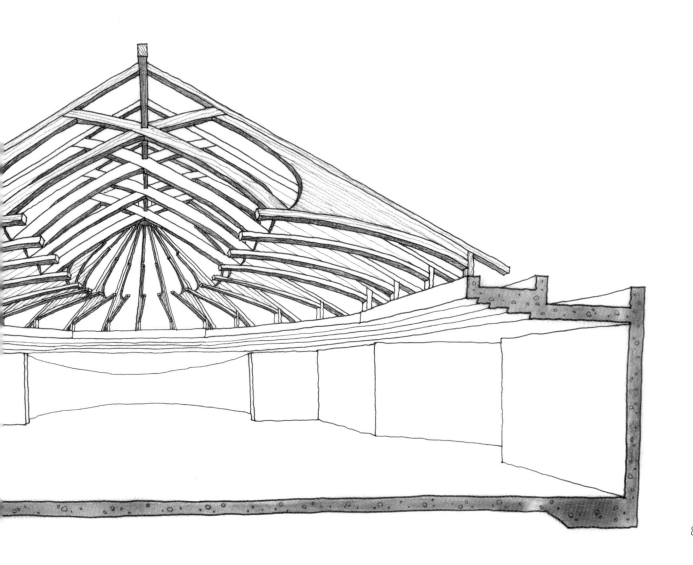

三次元トラス構造 | 彩の国 森林科学館

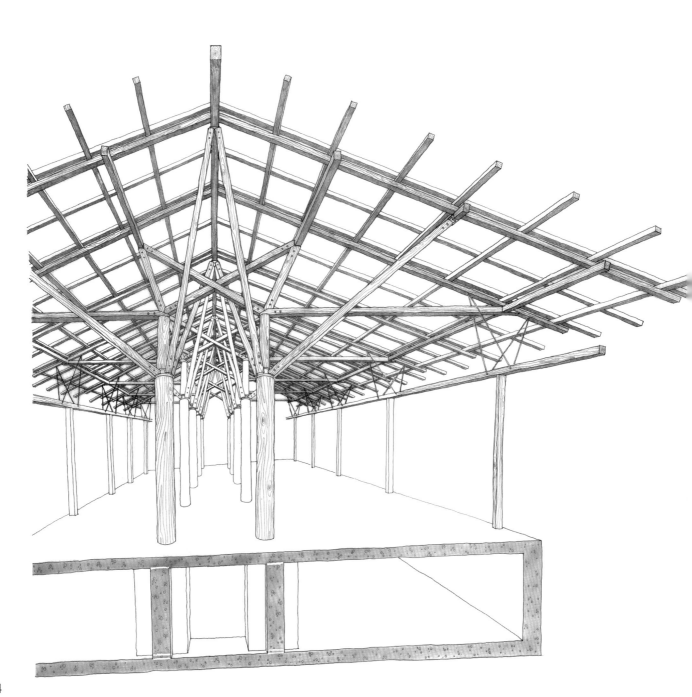

これは、埼玉県が主催した公開コンペで決まった案である。これには秀れた二人の建築家、下山眞司氏と高須賀晋氏が参加したのに落選し、芸大教授の片山和俊氏が入選した。聞けば何と学生のアイデアであったという。なるほど、既製の概念にとらわれず、軸力系で直接屋根を支えて、しかも三次元的な分散型でなかなか理に適ったものである。

でき上がって中に入った人がそこに見出すものは、樹木の茂みに分け入った印象であるだろう。正に森林科学館の名にふさわしいイメージである。

実はこれらは、やり方次第で、逆さ吊り実験で再現可能な形態なのである。

大径木の丸柱を柱脚固定の状態で自立させるために、中空のBOXをつくり、そのコーナーに柱を打ち込んだ。幹から枝を出す箇所が、この建物ではひとつのポイントであったが、帯鉄でバンドをつくり、丸柱の廻りに締付けて、各方向への枝を取り付ける平鉄を溶接した。これは、本来なら柄差しとすべきところであったと後悔している。

彩の国 森林科学館
設計：片山和俊＋DIK設計室
構造設計：増田一眞
施工：高橋組
構造：木造＋RC構造
規模：地下1階、地上2階
面積：建築 1,101㎡／延床 989.96㎡
所在地：埼玉県秩父郡
竣工：1994年5月

木造ラーメン構造 | 大洲城

城郭建築の特徴を考えてみるに、先ず、上層へいく程低減していること、開口が小さいこと、石垣の上に建てられていること等であろう。外郭は強剛な土壁で囲まれているため、内部フレームは殆ど外力を負担せず、大半の力を外郭が受けもっている。

石垣の内部は土で埋め戻されているのではなく、玉石を鉄棒でこじりながらなじませているから土圧を生じることなく安定で、崩れることなどあり得ない。石垣は内部から石積みなのだ。内部は丈の大なる垂壁が太い柱を拘束する合成フレームでつくられ、厚い板の床組みに支えられている。戦後多くの城がRCで復元された中で大洲城を木造で復元したことから、全国の城郭復元を木造で進めるひとつの契機となったようである。

桧の大径材を日本各地からあつめてつくったのが、大洲城である。
刻んだのは、富山の40代の棟梁である。城は外郭がしっかりしているから、バランス上、内部フレームも骨太になるわけである。太い柱、梁、厚い壁に囲まれて内側に居ると安定感につつまれる。
まるで、頑丈な穴蔵の中にいるようなものだから。

増田一眞の木構法

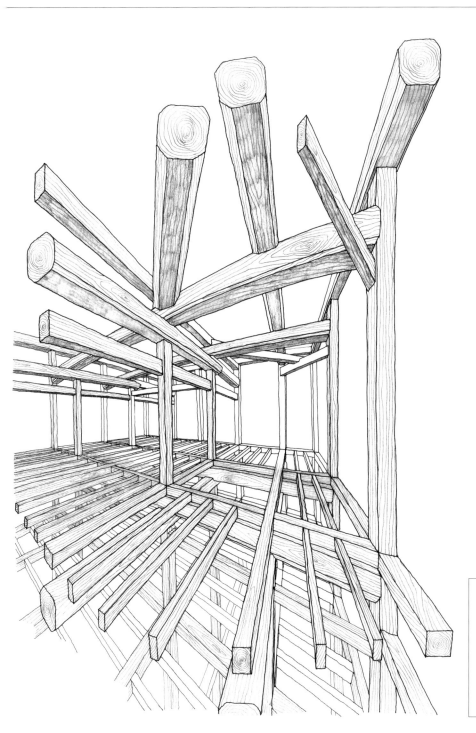

大洲城
基本設計：宮上茂隆
設計：三宿工房（統括）、建築文化研究所（監修）
構造設計：増田一眞
施工：間組
構造：城郭構造（木構造）
規模：地上4層
面積：延床378.53㎡
所在地：愛知県大洲市
竣工：2004年7月

合成アーチ構造 | 湖北白ばら学園（幼稚園）

山形フレームに、曲線材を内接させ、接点を太柄で結合一体化した合成フレームで10mスパンのプレイルームを形成した。曲線材は10cm径の間伐材を三つに割いて、現場の土間コン上に一定間隔に治具を打ち込み、人力で曲げて重ね合わせ、曲げ終わってから太柄で一体化したものである。

一般の教室も、間伐材でサスペンアーチをつくり屋根材とした。柱も間伐材で合成柱をつくり、すべての部材に間伐材を生かしたものだから、工事費は坪当り20万円ちょっとで上がっている。

2階建の2階床は3尺間隔の格子梁で4間方向を形成したがウェブに厚板を用いた以外、弦材は間伐材であり、屋根も間伐材のダブルアーチにしている。

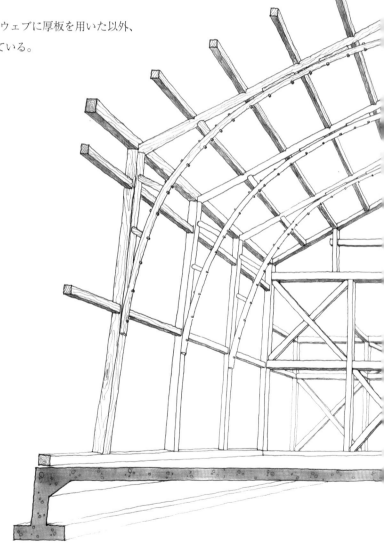

増田一眞の木構法

間伐材を徹底的に活用した、ローコストにして、しかも美しい幼稚園の空間として世に問える作品ではないかと考える。

なかでも、プレイルームは、山形ラーメンに内接する間伐材アーチが安定感を与えていて、プレイルームにふさわしい空間となっている。スパンは10m、軒高は5mというゆったり感。

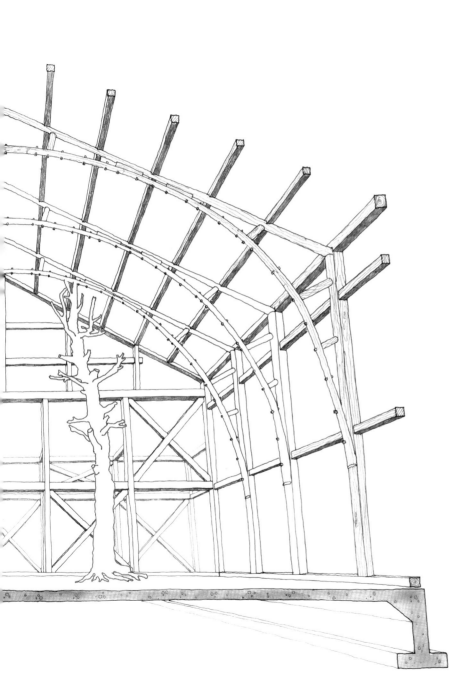

湖北白ばら学園（幼稚園）
設計：吉田 進
構造設計：増田一眞
施工：山田建築
構造：木造
規模：地上1階、一部2階
面積：建築1,382.19㎡／延床1,382.39㎡
所在地：千葉県我孫子市
竣工：2005年3月

合成アーチ構造 | 鶴居小学校体育館

福沢諭吉の出身地である大分県中津市に鶴居小学校はある。その体育館を建てるために筑波第一小学校の体育館も見学にきたのだという。基本計画としての架構案を8タイプ提示し、それぞれの良否の検討をしてもらった。

最終案は登り梁とそれに内接する曲線梁（いずれも重ね梁で作成）で構成した合成フレームである。全体としてアーチアクションに則っているから、自然な感じは充たされ、いささかの違和感もない。

実施に先立って1/3の縮小模型をつくって垂直、水平両方向の載荷による耐力実験を行い、両方向とも耐力不足はないことを確認している。水平加力は重錘の力を滑車で方向転換したものである。

両妻と桁行内壁は厚い落し板で耐力壁を形成している。

増田一眞の木構法

大空間の木構造に関する過去の全蓄積を集大成したといえる成果がこの鶴居小学校体育館には込められている。変位は殆どゼロといい得る量であり、内部空間の美しさは、ほぼ完璧といえるほどのものである。
地元の材を使ってこれだけ立派なものができたのだから、発注側としては、満足しているようである。

鶴居小学校体育館
設計：松山忠幸、井上 彰（DAN）
構造設計：増田一眞
施工：ミツワ
構造：木造
規模：地上2階
面積：延床974.61㎡
所在地：大分県中津市
竣工：2010年3月

| 迫り持ち | 5 SHIPS 女子学生会館

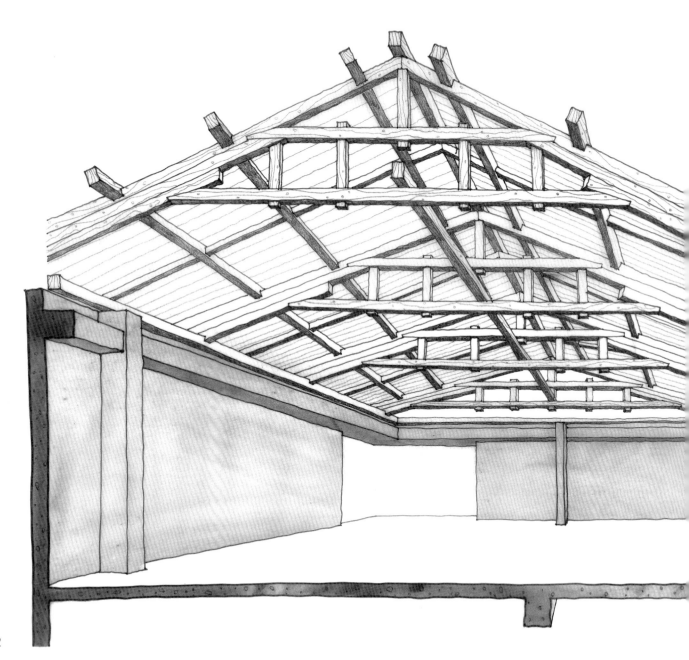

増田一眞の木構法

折線アーチを三段重ねた形になっているのが特徴である。中央の棟から支端にかけて、屋根荷重が次第に増加していくのだからこの形は自然であり、理に適っている。それ故ここには、ごく自然な安定感が見うけられる。とりわけ、水平材の突っ張り力が有効性を感じさせる。それを垂直に吊っている束がその安定感を高めている。中央部のつなぎ梁も、それぞれが個別にではなく、一体として働いている感じを与えるに有効である。

このように、部材の持つ意味と役割とが、明確な形をとっているとき、架構は全体として明快に訴えかけてくるのではないだろうか。周辺RCの自立壁面の上に架け渡した木造小屋組が、タテヨコ斜に己が果すべき役割を忠実に果している。素材は岡山からの直送だという。

視界を遮る水平材の線が、桁のレベルより上方にあって、内部空間にゆとりをもたらしている。桁のレベルの水平材より上方も比較的隙間だらけのすけすけの空間なので、全くといってよい圧迫感を伴わない上部空間になっている。床から屋根面までの気積が、そのまま味わえるわけである。

```
5 SHIPS 女子学生会館
設計：石田信男設計事務所、健康の企画社
構造設計：増田一眞
施工：熊谷組横浜支店
構造：RC造＋木造
規模：地上2階
面積：建築 716.40㎡／延床 1,253.19㎡
所在地：神奈川県川崎市
竣工：1987年6月
```

INDEX

P.64 筑波第一小学校体育館

P.66 さくら保育園

P.68 とねっこ保育園

P.70 くるみ保育園

P.72 高花平保育園

P.74 葛西邸

P.76 高橋林業土木社屋 研修棟

P.78 天竜森林組合 林産物加工工場

INDEX

P.80 向嶽寺方丈

P.82 カトリック浜松教会

P.84 彩の国 森林科学館

P.86 大洲城

P.88 湖北白ばら学園(幼稚園)

P.90 鶴居小学校体育館

P.92 5 SHIPS 女子学生会館

第4章
模型づくりの意味

模型づくりの意味は、その架構の特徴を掴むことにある。
先ず何よりも丈夫であるかどうかを確かめる。あらゆる角度から力を加えて、その変形のようすを観察する。全体的に力を均分して加えた場合、或は局部的に集中力を与えた場合、それぞれの反応や挙動をみる。これにより強度とともに剛性（こわさ、力／変形）が感覚的に伝わってくる。次に長もちするかどうか。これは傷む局部を前提としなければならないから人為的に欠点をつくることになる。材の連続を分断したり接合部を外す等である。第三は、その架構が美しいかどうか、さまざまな角度から眺めることになる。空間に置かれた位置によりどう見えるか、ためつ、すがめつするとき、思わぬ美を発見したりすることがある。それが架構のもつリズムであり秩序というものだろう。

等方格子梁　床表わしの格天井

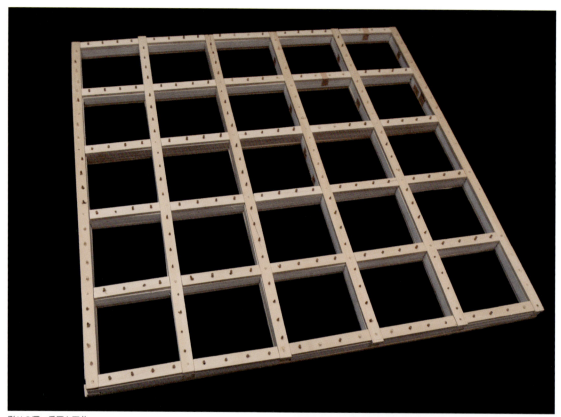

彫りの深い重厚な天井

正方形平面に、辺に平行して等間隔に二方向に架け渡した格子梁を等方格子梁という。

これは、節点過重をほぼ均等にタテヨコ二方向に伝える事実からきている。

節点では、x方向の梁もy方向の梁も変位が等しいこと、節点荷重はxy二方向に分かれるという事実だけで格子梁の応力分布は導かれる。節点では互いに相欠きとなるから、その欠点を補うために半割程度の添材を太柄で刻ぐことで完全な格子梁は誕生する。

異方格子梁　長方形平面の格天井

短辺単一梁、長辺合成梁十間隔の調整で完全な二方向梁が出現

平面が長方形のときは、曲げ剛性がスパンの三乗に逆比例することから、節点荷重の大半は短辺方向に流れるので、長辺方向にも流れるようにするための工夫が要る。そのひとつに、長辺方向には短辺梁の上下に渡り鯱で弦材を通し、部分幕板を入れて重ね透し梁とすることで、長辺梁も働くようになる。
部分幕板の働きで、長辺梁が欄間の連続のように見えて、美しい格子梁が誕生すること請け合いである。

折面格子梁 | 連続な折梁でつくる格子床

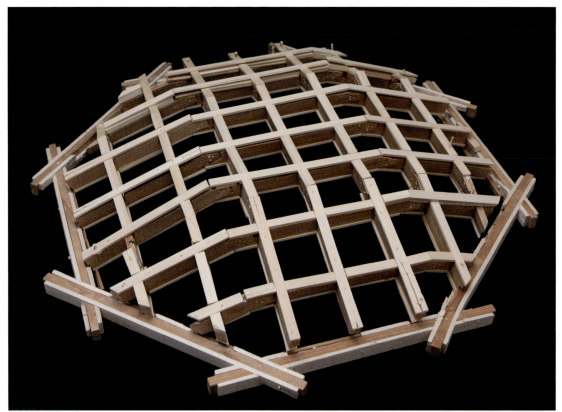

屋根でも床でも可能

格子梁はひとつの平面を形づくる。全体として折面状の格子梁をつくるとどのような効果が表れるであろうか。

先ず、曲げ応力が激減する。その割合は、直線長さの二乗に逆比例する量である。即ち平面の長さが1/3になれば、曲げは1/9になる。

軸方向力は若干増えるが、軸方向力には全断面が抵抗するからその影響は小さい。

曲げ応力の低減効果大のため、折面格子の将来性は大きいと考える。

曲面格子梁 | 曲線梁でつくる格子床

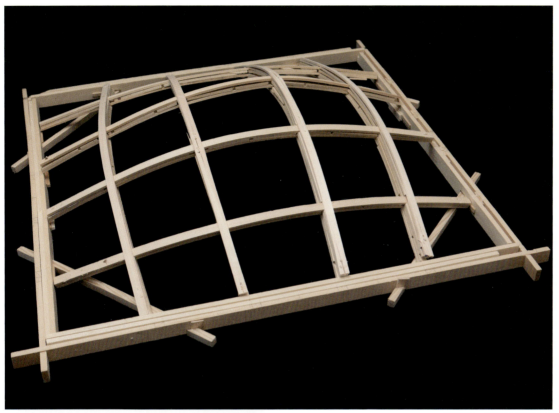

曲線梁のつくり方は4通りある

曲線材はアーチと呼ぶ、上に凸の曲線材である。その特徴は、等分布の鉛直荷重に対して圧縮力で抵抗するところにある。

集中荷重や局部荷重に対しては曲げが伴うから、荷重分布さえ正しく把握すればアーチは大変効率のよい架構形態なのである。

つくり方は、曲げ易い厚さに割いて、曲げ重ねたのち太柄(だぼ)で剥ぎ合わせるとよい。アーチのつくり方は、①継手法、②重ね梁法、③合成梁法、④焼撓め法(舟大工は焙って水をかけた)の4通りある。

サスペンアーチ格子 | 上、下弦湾曲したサスペンアーチで組む格子

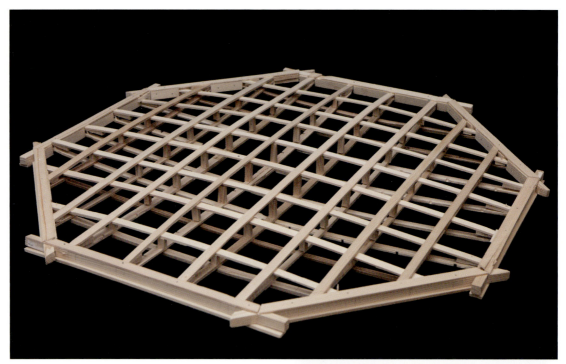

木造の大空間が出現

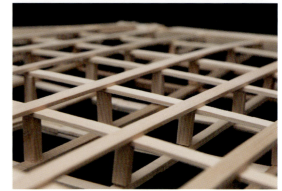

下に凸のケーブルと上に凹のアーチを組み合せて束でつないだレンズ状の梁をサスペンアーチと呼ぶ。サスペンアーチで格子を組む方法があり得る。

分散型構造システムのひとつとして体育館や講堂の屋根に大いに使われることを希望する。天井落下事故が起きているが、構造即ち意匠のこの種のものには生じ得ない。サスペンアーチ格子は、安全にして美しい、一石二鳥の効果が得られる筈である。

HP面格子梁 | 美しいHP面が木造で実現

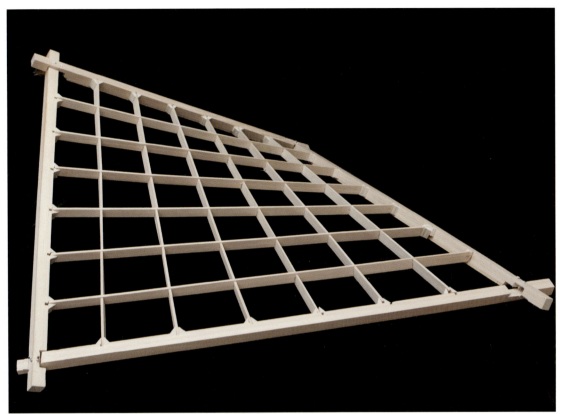

捩り可能な板を刳ぎ合わせてつくる

直線で形成できる複曲面のうち、最も親しまれている曲面はHP面（双曲放物面 Hyperbolic Paraboloid）である。これは捩率一定という特徴をもっている。捩りやすい厚さの板を何枚か捩り重ねた後刳ぎ合せて短柄で刳ぐ。刳合面には天然接着剤の膠などを用いるのがよい。節点の合欠き面には同厚の添材で補うことは一般の格子組と同様である。野地板を貼る場合は対角方向に貼るなら捩れを避け、反りだけになる。

トラス式合成フレーム　トラス梁とトラス柱のフレーム

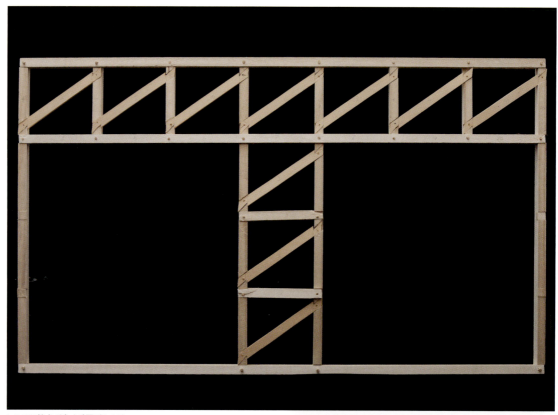

トラスは節点が多く手間がかかる

合成フレームは2本の弦材の間にラチスを配した平行弦トラスを柱、梁としてラーメンを形成するトラス主体のものが多かった。

しかしトラスは節点数が多く、節点は抜け出さないよう蟻型に加工し嵌め込むなど、手間がかかり、その割に力の流れがスムーズでなく、ギクシャクするためか美しさが感じられない。そこで、別の方向での合成フレームをつくり出さなければならない。

アーチ式合成フレーム | アーチ梁とアーチ柱のフレーム

アーチは手間がかからず美しい

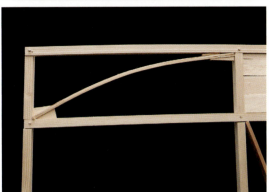

トラス式合成フレームと比較してみたいのが、このアーチ式合成フレームである。
先ず、梁として二本の弦材の間にアーチを架け渡して、隅部に飼木を入れる。柱も同様、二本の弦材の間にアーチを二本入れて交錯させる。隅部に飼木を入れて固定度を図るのは同様である。こうしてでき上がってみると、力の流れがスムーズであることが視覚に感じられるせいか、こちらの方がシンプルで美しい。

上屋フレーム・下屋フレーム

上屋と下屋の組み合わせで中央に大広間

外界との緩衝性と構造的安定感

上屋フレーム

秋田で古い米倉を見る機会があった。それは、中央の柱と梁が尺角で、互いに相欠きで嵌め込み、それに登り梁を二本とりつけて、全体として傘型としたうえで両側の外柱を細いピン柱ですませたもので、見るからに安定と架構の美しさを感じさせるものだった。これを上屋フレームと名づけるなら、その両側に屋根を一段落して下屋フレームをつくると、4スパンの安定な架構が実現する。古代の下屋と母屋がその関係だったのだろう。

下屋フレーム

上屋フレームと対をなすのが、下屋フレームである。下屋をつくる登り梁と下弦材がトラスをなし、内柱にとりつくトラスで逆L型の架構ができるので、外柱にピン柱をとりつけると安定な下屋構造が実現する。
下屋は、主屋を外から補強するサブの架構として古くからあったし、城郭の上層ほど低減される部分にもこの原理は用いられているのである。

アーチ内接小屋組 | 軽快な小屋組

小屋裏の利用も可

　小屋組に束とラチスを入れたトラスを組む代わりに、登り梁と小屋組の間にアーチを架けて、登り梁の変形を拘束する役割をアーチに与えてやると、トラスを組んでいるよりはるかに簡単で、容易に目的が達せられる。小屋組は本来全体としてトラスなのだから、束やラチスを入れる目的は登り梁の屋根荷重による変形の防止にあった。その目的のためなら、手間のかかるラチスをやめてアーチを架ける方がはるかに早くて美しい。

折線アーチ 直線材でできるアーチ

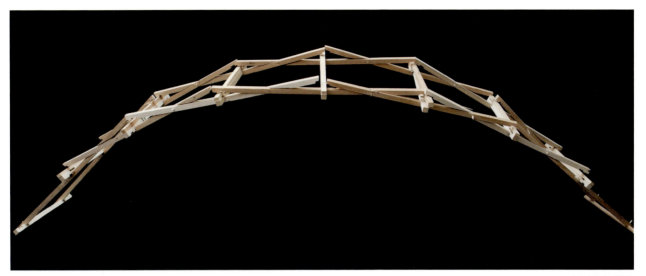

つくりやすさが身上

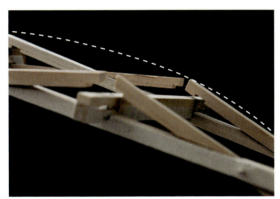

上面の折点を連続な曲線でつなぐと滑らかさが出る

直線構成の要素だけでつくり得るアーチの一例である。曲率とは、一定距離における角度変化である、という定義そのものを具体的に示す事例のひとつである。

直線材だけでつくり得るという気安さが先ず挙げられる。交差部の相欠きがかなりの長さに亘って存在するというのがひとつの特長だが、それは逆に材相互の連続性を保証する特長でもある。各頂点の突きつけ部をどう処理するかで、全体の安定性が決まる。

ボウビーム | 軽快な合成梁

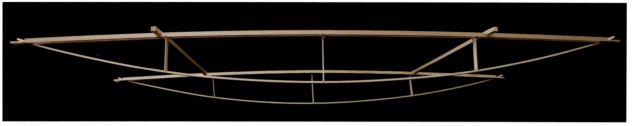

下弦引張材と上弦圧縮材とで閉じた形

ボウは弓を表すBOWであり、その反力を受けもつBEAMとの結合から成る、閉じた系である。束の部分に集中する荷重群に、全体として軸力で対抗するシステムであるから合理的であり、見るからに軽快な感じを与えるのが特徴である。大和ハウスの工場の十数mスパンを軽量鉄骨と丸鋼で処理したところ、超軽微な架構が実現できた。曲げモーメント図の形そのものを形態化したものという意味でも、これは普遍性をもつものである。

タイドアーチ | 合理的な載荷梁

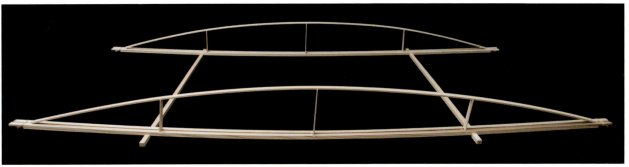

上弦アーチの圧縮材と下弦引張材とで閉じた形

ボウビームを倒立させた形が、タイドアーチ（Tide Arch）である。引張と圧縮が入れ替わっている以外、外力群に見合った形態になっているという点では、ボウビームと一対のものととらえ得る合理性をもっている。異なるのはアーチ材の挫屈に対する検討だけである。曲線材の挫屈についてはティモシェンコが詳しく論じている。

鉄橋はたいてい、移動荷重を受けるタイドアーチとして設計されている。

吊床システム | 荷重迂回システム

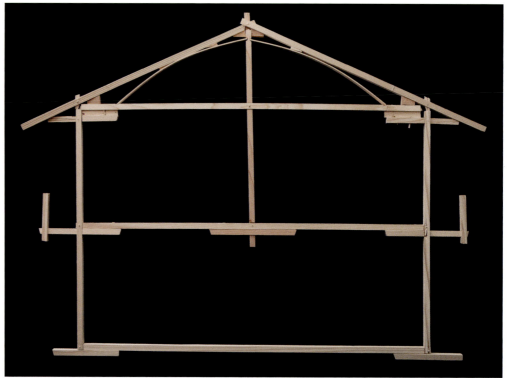

1階大広間、2階梁極小

1階部分に無柱の大空間をつくりたい、というときに、このシステムは適合している。

小屋組は三角構成という原理からして、頂部に受ける大きな外力を担い得る剛性と強度をもっている。それを利用して、棟部から2階床を吊り上げる材を下ろして、2階床を吊るそうというシステムである。

内側の荷重群をすべて外殻に流そうという意図に適合する、と言い替えてもよい。合理的なシステムはある必然性を持って存在する。

屋根・軸組兼用型 | 軸組の無い空間

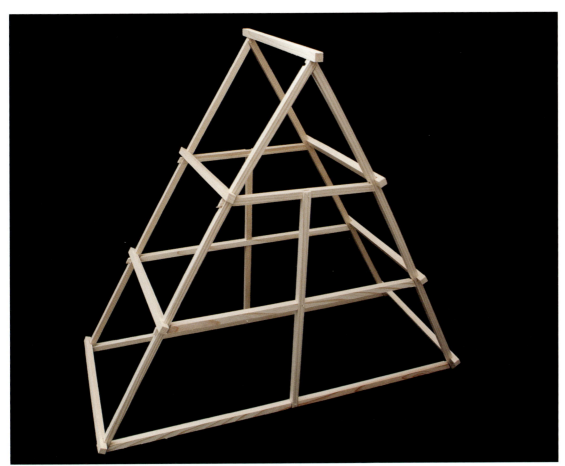

安定の形と材料の極小性

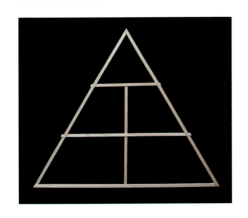

かつて高須賀晋氏が、貧乏画家の20万円/坪位で家を建てたいという希望に応えて提案したのが、この軸組と屋根を兼用した外殻を持つものであった。正三角形の断面形と、中央の柱に四方差しの梁がとりつくかたちが、実にシンプルで美しいものであった。

これは、そのシステムを3階建てに拡張したものである。外力に対して安定な形であるから、ムダなところがなく、開口部を最小にすればローコストは間違いなく実現する。

合成フレーム（1） 山形合成梁フレーム

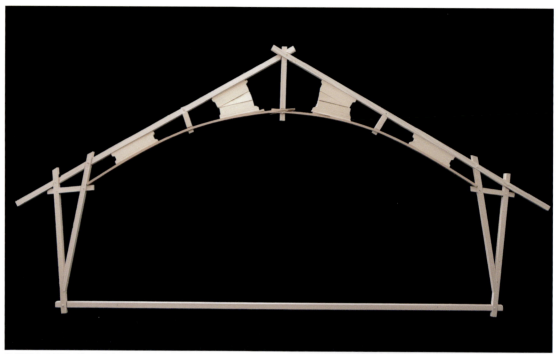

部分幕板と曲線梁で美しい合成梁ができる

山形フレーム全体を合成材でもって代替しようとするシステムで、この種のシステムは無数に存在し得る。小屋梁がない分、内部空間がゆったりしてくる。
常時の鉛直荷重群や暴風時の水平荷重群に対して、架構各部が有効に抵抗するか否かが架構形態を支配すべきだが、応力図、とりわけ曲げモーメント図の形が導きの糸となる。
合成部材は、弦材と部分幕板の配置により、応力図に対応して定め得る。

合成フレーム (2) | 山形合成梁フレームと下屋

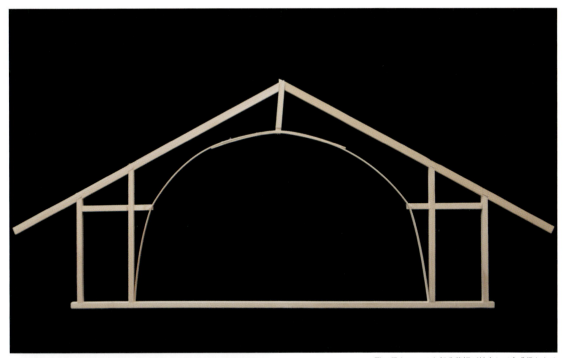

登り梁とアーチを部分幕板が結合して合成梁となる

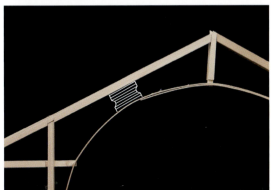

中間に部分幕板を要する

合成材で山形フレームを構成した合成フレームであることでは (1) と何ら異なるものではない。中央付近のアーチの曲率半径と、周辺部の曲線のそれとは異なり、曲率中心を異にする。いわゆる三心アーチを形成する。中央のアーチの曲率半径の途中に、周辺アーチの曲率中心がある訳である。そのことにより、周辺アーチの接線を垂直線に近づけ得ている。

焼撓法アーチ | 厚板を熱と水分と応力とで曲げる

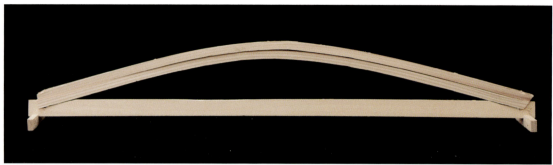

常温では曲がらない厚板も熱と水分で曲がる

合成梁法アーチ | 湾曲材と部分幕板で合成する

合成梁の手法でアーチをつくり得る

重ね梁法アーチ | 湾曲させた後太柄で刻ぐ

重ね梁の手法でアーチができる

木材は、湿潤状態の高湿下で曲げ応力を与えると、大きく湾曲する性質がある。昔の舟大工は、この方法で厚板を湾曲させて大板構造の船をつくった。これを焼撓法と呼ぶ。
水平に置いた厚板の下で火を燃し、木には水をかけてこの状態をつくりだしたことから生まれた名称であるが、現代では熱湯に浸したのち応力をかける方法も考えられる。いずれにせよ、12cm〜15cmもの厚板を湾曲させ得るなら、大きな曲面構造も実現可能である。

上下2材の弦材の間に、部分幕板を入れて弦材と結合すると、合成されたアーチが完成する。これを合成梁法アーチと名づける。
弦材は単材として曲げ加工し易い厚みとし、加工したのち、一定間隔に配置した幕板と太柄で結合することによりできあがるから、製作は容易であり、見た目に単一材より美しいという特徴がある。交差アーチをつくるときも、合成梁の方が簡単に処理できる利点がある。

人力で容易に曲がる厚さに割いて、治具に沿って曲げ重ねたのち、ドリルで一定間隔に孔を明け、丸太柄を打って一体化する方法があり得る。これは直線材の重ね梁のつくり方を曲線材に適用したもので、重ね梁法アーチと名付ける。白ばら幼稚園のプレイルームでは、10cm径の間伐材を三つに割いて、土間上で曲げ重ねたのち、太柄で一体化した。主フレームの山形フレームに内接するかたちで10mスパンを合成フレームで実現した。

継手法アーチ

短い材を継ぎ合わせて曲線材とする

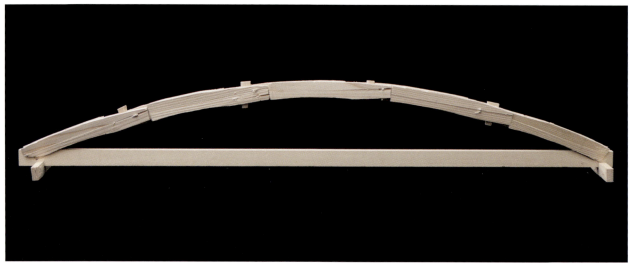

一本の材からアーチをつくるにはかなりの大径材が要るが
継手を設ければ、小径材でできる

材料取りのムダを省くには、短い材を継ぎながらつくるアーチが、手間はかかるが、最も手っ取り早い。アーチの応力が軸力のみなのは、均等な荷重分布の場合のみなので、一般的な不均等荷重に対しては曲げも剪断も生ずる。従って継手法アーチの弱点は継手部にあるので、その弱点を打ち消すには、上下に連続な材を添えてやらなければならない。継手法単独のアーチではなく、なんらかの合成手法を要する。

曲線梁 | 湾曲した材はしなやかで強靭である

曲線梁は空間を覆う材として自然であり、美しい

曲線梁は、効率の極めて高い架構として生かせる材なので、もっと多用されて然るべきである。集中荷重や偏分布荷重に対しては、曲げ応力を伴うから、荷重分布にさえ留意するなら、雪国でも危険は防止できる。体育館や倉庫などの大空間以外でも山形合成フレームなどに用いるのなら、小屋梁を省いて、そのまま表せるので、ダイナミックな空間となる。また、直交、斜交、三方向交差など、一方向以外の用い方で立体架構とすることができる。

増田一眞先生の伝統木構造

神田 順

　増田先生には、かつて私が日本建築学会で雑誌編集委員会に属していたときに、筑波第一小学校体育館の設計者解説を1988年にお願いしたことがある。木造骨組みは、だいたい架構が現しになることが多く、なにもCGで描かなくても良いと言われるかもしれないが、構造パースペクティブとして、構造躯体としての木造の特徴を、RC造やS造と対比して示したかった。力の流れは、RC造よりもS造よりも、良く見えるように思う。

　改めてお会いするようになったのは、私たちが2003年から建築基本法制定の運動を進めていることが伝わり、今の建築の法体系では、伝統木構造が法的に位置づけられていないことから、一緒に社会的アピールが出来ないかということで、伝統木構造の方々とお会いした、2009年の12月からのことである。

　構造架構を考える知恵に基づく、先生の長年のご活躍と活動に徐々に触れながら、それからは比較的頻度高く接する機会をいただいている。先生は、すでに1998年に「建築構法の変革」を著され、それ以後も木造を主として、今日までの架構技術を後世に伝えるべく「架構のしくみで見る建築デザイン」（1999年 彰国社）や「蘇る美しい日本建築　新伝統木構法の展開」（2005年 東洋書店）を出版されている。他にも教科書用に綴ったものを、いくつか整理されており、このあたりで再度まとめておきたいとの思いを持たれたようであった。編集にあたっては、若干のお手伝いもさせて頂いた。というより、先生のお話を直接に、何度か聴く機会をもつことが出来たということである。

　伝統木構造が法律にちゃんと位置づけられていないということが、伝統技能継承への妨げになっている。法律が、そのように作用することは宜しくない。戦後、経済成長が思いのほかうまく行き、経済的には豊かな国の仲間入りをした日本であるが、市場経済が大きな力を持つようになると、職人技は、評価されにくくなる。割高になって、大量生産品に押し出されがちである。建築は、誰もが建築主になれるだけに、社会制度として、何を法律で規制して、何を専門家が律して行くかの、本質的仕分けは結構難しい。

　法規制というものは、全国一律であり、また技術的に微妙なところを、明解な仕分けをして規定するという性質をもっているので、そもそも、職人がその土地にあった木を見て判断して、細工すると言うことになじまない面がある。社会が何に価値をおいて生活を展開するかである。経済活性化一筋ということになると、職人が技で勝負するよりは、工業製品や、誰でも同じ答が出る組み方が、全体を制してしまう。

　技術を受け継ぐ者、技術の成果を享受する者、それぞれの思いも大切であるが、社会が評価するための努力も求められる。そのためには、社会そのものを、教育のあり方も含めて、しっかりさせて行かなくてはいけない。単に消費社会のコマーシャリズムに身を任せて、法律に生活を委ねて、ただ日を送るのではないことを、教育を通して伝える必要がある。生活の中のどこに価値を見つけるか自ら考えて、生活の質を自らつくり上げていく社会こそが、豊かさをもたらしてくれると言えるからである。そこに、伝統木構造が生かされる場があるのではないか。

木構造は、何よりも、設計者が木を知らなくてはいけないし、また架構の技術への理解がないと設計できない。当然ながら、そのような技術は、実際の経験を積んで初めて可能になるものであるとはいうものの、本書のような形で、整理され、先生の声が聞こえてくるようであると、さまざまな発想の原点になることが期待できる。模型で木を組んでみて、どのように力が伝わり、変形が生ずるかを、一つひとつ手で確かめるということの意味は、このようにして解説していただくと、実感に近付くことができる。

　事例紹介は、先生の思いが、一つひとつの架構に込められていることを感じ取れるものである。もちろん、木造設計者に限らず、構造設計の基本を読み取るにあたっても、あるいは、構造と空間を思いめぐらすにおいても、入門者からベテランまで、十分に味わってもらえる内容・構成となっている。

　先生もどこかで書いておられたが、井上ひさしの「ボローニャ紀行」は、職人技が今日の市場競争の世界にあっても、評価され続けていることの意味を伝えてくれる。そこには、まちのあり方を、生き方を、そこに住む人たちが、自分たちにとって何が大切かを考えて、判断し、行動しているという世界がある。

　大量生産品に囲まれていることは現代の象徴でもあり、また市場経済の中で、物の価値を自分で考えるよりは、市場の貨幣価値で評価することに慣らされてしまっている。無用なものを購入してしまったり、ほんの一部の不具合で、すべてを取り替えたりということが、ある意味、経済活性化の一助になっていたりする。そうではなくて、良いものを長く使うことが心地良いという思いが、伝統木構造の価値を高めてくれることを期待する。

　もちろん、プレカットによる木材料加工が効率化や安定品質をもたらした面は評価しなくてはいけないが、同時に、仕口加工を手作業で行う技能者を減らしたことも事実である。コンピュータを、プログラムをつくって利用した時代と、市販のプログラムを使うことの違いである。ある程度はブラック・ボックスでも良いとしないと、何もできない時代ではあるが、自分で意味を理解して使う心掛けは重要である。

　森林に恵まれた我が国で、持続可能な林業から建築までの流れの、今ひとたび全体も見据える議論がされて、少し明るい状況が開かれそうにも見える昨今である。そのときに、大量生産品としての集成材に、安定品質を求めて量的な需要の拡大を見込むとともに、その脇で、自然材についても、今までよりは流通に乗りやすくなってくることを期待する。

　伝統木構造がすばらしいからと言って、ただその形式を保存するだけに意味があるのではない。一方で社会の要求も異なれば、生活の仕方も異なるし、新しい技術や工夫も生まれてくる。そんな中で、木という自然の生んだすばらしい材料の特質を生かし、伝統として引き継がれた知恵の意味を理解したうえで、建築に魅力を与える構造架構を生み出す力を、読者が自分の心と頭で大いに引き出してほしい。

かんだ　じゅん
日本大学理工学部建築学科　特任教授
東京大学　名誉教授

今後の展開 - リサイクルを考えた建築の設計

現代の鉄筋コンクリート造は、先ず鉄筋を組み立て、その周りに全面、型枠を組んで、コンクリートの側圧に耐えるように支保工を施し、コンクリートを流し込む、『場所打ち一体化方式』である。その一体性の故に、不当に信頼されているが、じつは致命的な欠点を持つ構法である。

その欠点とは
1. 床面1㎡あたり5〜6㎡という莫大なベニア型枠を消費し、平均1.5回位転用するだけで、廃材となる。
2. 加水量の多い軟練りコンクリートでしか施工できないことが禍いして極めて低寿命の建物になる。
3. 一体式のため、解体・移築ができず、粉々に砕くしかないため、大量のゴミができる。莫大な量のラワンベニヤ＝コンパネを得るため、東南アジアの各国からラワンの丸太を買い漁り、それが原因で熱帯雨林は今や再生不可能の状態になっている。こうしてつくった建物は30〜50年位で壊されて、壊すたびに大量のゴミが出る。

廃材のコンパネを焼却すると、接着剤や表面のコーティング剤のため、有毒ガスを出し、埋めると地下水を汚染する。
熱帯雨林は地球の肺といわれる程、①貴重な森林源であり、②豊富な生態系の宝庫であり、③先住民の大切なふるさとであって、これを破壊することは許されない。
また、後で説明するように、コンクリートは扱い方によっては天然の石材に匹敵するよい素材であるのに40年そこそこでゴミとされている。
総合して考えるときこれ程愚かしい構法はないのに、十年一日の如くいまだに改めようとしていない。
素材を生かし、形態を工夫し、つくり方を編み出すのが、よい建築構法を創造する根本である。つくり方でいえば「省仮設」、形態でいえば「極小材」、そして素材でいえば「高品質」であるべきなのに、すべて正反対のことをやっている。

鉄筋コンクリートの原理は三つある。その第一は、鉄筋の引張抵抗とコンクリートの圧縮抵抗が協力し合う複合材であること。第二は、コンクリートの強いアルカリ性が鉄筋の酸化を防止していること、第三は、鉄筋とコンクリートの熱膨張係数がほぼ等しいため、永く一体性が保たれること、である。

第一の原理は耐力を、第二の原理は耐久性を支配している。また、第三の原理は一体性を保証している。

さまざまな要因でコンクリートの酸化が進んで、その強いアルカリ性を失う現象を中性化とよんでいる。鉄筋表面からコンクリート表面までの被覆厚分（3〜4cm）で中性化が進む年数を中性化速度という。中性化速度は鉄筋コンクリートの寿命を示す指標となる。何故なら、中性化したコンクリートは鉄筋の保護能力を失って、鉄筋は錆び始め、錆の成長が鉄筋表面のコンクリートを押し出して剥離させ、鉄筋とコンクリートの一体化が失われる。錆び始めてから一体性を失うまでの時間は短いから、中性化速度を耐用年数と考えてよい。

中性化を促進する外因としては酸性雨などがあり、仕上げの有無で異なる。また、室内でも炭酸ガスと水蒸気とで弱炭酸を生じ、中性化は進む。

素材のコンクリートから検討してみよう。

コンクリートはセメントと砂利・砂、そして水からできている。セメントは石灰岩を焼成してつくる。石灰岩は地球の創生記に炭酸同化作用で地球に大量の酸素をつくってくれたおびただしい微生物の死骸で、カルシウムやマグネシウムを多く含んでいる。そのときの遊離酸素が鉄元素と化合して鉄鉱石が海に沈殿する。

石灰岩の埋蔵量は有限で、大切に使わないと21世紀中になくなる。セメントは水と化合して硬化する、いわゆる水和反応をする素材である。砂利と砂を骨材というが、コンクリートは骨材の間隙をセメントに水を加えて練ったセメントペーストで充填し、それが固化することによってマトリックスの役割を果して固体となる。砂利と砂の強度は凡そ$1,500kg/cm^2$だから、マトリックスの強度さえ上げればコンクリートの強度は$1,500kg/cm^2$には達する筈である。固化剤のセメントペーストの強度はその濃度が高い程大きくなることは容易に分かる。

図-1　水セメント比／コンクリート強度
W=40%、50%、60%に対応する圧縮強度はそれぞれ
Fc=450kg/cm²、330kg/cm²、260kg/cm²となる

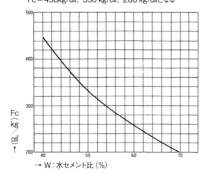

図-2　かぶり厚X=3cmが中性化する水セメント比／年数

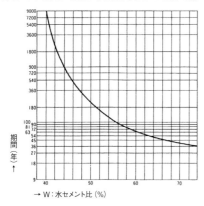

水とセメントの比で濃度を表すと水セメント比が少ない程セメントペーストの濃度は高くなる。水分を減らす程強いコンクリートになることを理解するのは困難ではない。アブラムスの水セメント比説として、すでに確立された定説になっている（図-1）。

水セメント比を少なくする程強度が上がる。ところが、水セメント比を減らす効果は強度よりも中性化速度において顕著なのである（図-2）。今、一番多く出回っているのは210kg/cm²のコンクリートで水セメント比は60%、中性化速度は60年である。水セメント比を40%とすると強度は450kg/cm²で、中性化速度は何と9,000年になる。60年で寿命がつきるのと9,000年では比較にならない。これはすでに天然の石材に近い。

そんなに水を減らしてコンクリートになるのか、という心配は無用。私は水セメント比35%で実施しているし、理論上の水セメント比の限界は20〜25%位である。

現在、低い水セメント比でも適度な軟かさを保つ高流動化剤が開発されているから30%でも施工可能である。

さて、究極の固練りコンクリートは、もはや場所打ちでは打ち込めない。そこで、架構をパーツに分解して、平らな状態にして製作する方法に切り替えれば施工可能である。ちょうど、木造や鉄骨造と同じやり方で、予め部材をキャストする、という意味で、プレキャストコンクリート構法（略称PCa）とよんでいる。ところが、プレキャストというと部材製作は工場で行う工場プレキャストしかなく、高品質だが、値も高くてとても躯体費が納まらない、という事実が、普及を妨げるひとつの要因となっている。私が試みた十数例は、その殆どが現場に型枠をセットしてつくる方式で、サイトプレキャスト構法と名づけている。

一体式から組立式へのコンクリート造の転換は次のような著しいメリットを生ずる。

1. 資源浪費が避けられる　　　2. 耐久的な建築が実現する
3. 繊細な造型が可能になる　　4. 解体・移築・転用ができる
5. 仮設材が大幅に減る　　　　6. 構造即意匠が実現する
7. ディテールとメカが豊富になる　8. 混構造の可能性を拡大する
9. 設備と構造の調和を可能にする　10. 省力化を推進できる

組立式で一体式と同じ耐力になるのか、という点でも心配無用。

応力状態は一体式と同じようにできる。一体式の応力分布の中に、反曲点とよぶ曲げ応力がゼロとなる点があるから、そこをジョイントに選ぶ。

メリットの第三に挙げた、一体式では到底不可能な、応力的に合理的で、かつ繊細な形態が実現できることは、造型的に著しい自由度を得る点でプレキャストが最もすぐれた構法とみなし得る根拠を示している。

少数の精度のよい型枠をつくって何回も転用する方が明らかに合理的である。鋼製型枠にするメリットは何百回も転用する時に限られ、木製型枠だと何十回のオーダーとなる。しかしベニアに頼らず、本実加工の板を用いると、使用後、再加工して下地材として使えるから廃材にはならない。型枠は土間コンなどにボルト固定してコンクリートを打ち込み、固化した製品を引き抜く方が効率がよい。

コストは型枠費の減る代わり、重機代にかかるため、場所打ちと大差ない。

建築はあらゆる文化を支え、また、受容する、という意味であらゆる文化の基底をなす文化である、といえる。建築の使い捨ては地球規模で環境を破壊する。いま恒久的な本格的建築への転換を図らなければ、住問題をいつまでも解決できないだけではなく、文化の発展そのものが阻害される。

ゴミ処理問題を悪化させている要因のうち、建設廃材は大きな部分を占めている。大量の廃材を出す原因は、第一に、建築構法の耐用年数を極めて低い状態にとどめていること、第二に、再利用しにくい建築構法をはびこらせていることにある。

廃材の質の面では、焼却すると有毒ガスを出し、埋め立てると地下水を汚染する、始末の悪い素材を締め出さなければならない。

建築構法は一国の政治、経済、文化に重大な影響を与える深刻な問題を内包する。環境破壊と資源・エネルギー浪費、生活と健康、等に甚大な作用を与えるからである。

革新的な建築運動には建築構法をも根本的に変革する気構えが必要である。建築生産の方法の中に、現代社会の体質が集中的に表れるから、常に国民の真の利益に奉仕する戦いが必要だからである。

増田一眞 ますだかずま

増田建築構造事務所 代表取締役
特定非営利活動法人 伝統木構造の会 会長

1934年1月1日広島県生まれ、1958年東京工業大学工学部建築学科卒業、松村組勤務を経て、1961年東京大学生産技術研究所 田中研究室、1964年増田建築構造事務所設立。主な構造作品に、鎌倉雪ノ下教会、筑波第一小学校体育館、彩の国森林科学館など。主な著書に「建築構法の変革」(建築資料研究社　1998年)、「架構のしくみで見る建築デザイン」(彰国社　1999年)、「新伝統木構法の展開」(東洋書店　2005年)など。主な受賞に日本建築学会教育賞(2015年)、第15回松井源吾賞(2005年 勝山館ガイダンス施設)、第14回技術・科学図書文化賞(1998年「建築構法の変革」建築資料研究社)など。大洲城の復元に関しては、第7回国土技術開発賞最優秀賞(国土交通大臣賞)、第1回ものづくり日本大賞(内閣総理大臣賞)、建築学会文化賞の3賞を受賞。「丈夫で、永持ち、美しい」伝統技術を広めるため、全国行脚を志し、1992年より現在まで木構造・架構学・模型実験等、国内各地30ヵ所以上でセミナーを続けている

参考資料・書籍など

伝統木構法の架構学と現代への展開 (長野県建設労働組合連合会　2013年)
続・伝統木構法の架構学と現代の展開 (長野県建設労働組合連合会　2013年)
日本の木造架構史 (自主制作)
架構のしくみで見る建築デザイン (彰国社　1999年)
建築構法の変革 (建築資料研究社　1998年)
木構造―伝統構法を基本に考える現代木構造 (建築資料研究社　1997年)

伝統木構法に学ぶ
構造と意匠の融合

2016年11月1日　初版第一刷発行

著：増田一眞
装丁・本文デザイン：星野輝之
イラスト：竹村祐子
模型撮影：S.Janny
編集・資料協力：増田建築構造事務所

発行：建築画報社
〒160-0022
東京都新宿区新宿2-14-6 第一早川屋ビル
TEL 03-3356-2568
www.kenchiku-gahou.com

定価：2,600円＋税
印刷・製本：サンニチ印刷

乱丁・落丁本はお取り替えいたします。
無断で本書の全体または一部の複写・複製をすることを禁じます。

©2016増田一眞 ALL rights reserved
Printed in Japan 978-4-901772-95-2